FACULTÉ DE DROIT DE PARIS

E LA STIPULATIO POENÆ

EN DROIT ROMAIN.

DE LA

LAUSE PÉNALE

EN DROIT FRANÇAIS.

THÈSE POUR LE DOCTORAT

PAR

G. GIRARD

Avocat à la Cour d'Appel.

PARIS
IMPRIMERIE MOQUET
11, RUE DES FOSSÉS-SAINT-JACQUES, 11
1877

FACULTÉ DE DROIT DE PARIS

DE LA STIPULATIO POENÆ

EN DROIT ROMAIN.

DE LA

CLAUSE PÉNALE

EN DROIT FRANÇAIS.

THÈSE POUR LE DOCTORAT

PAR

G. GIRARD

Avocat à la Cour d'Appel.

SOUTENUE

Le Mercredi 11 Juillet 1877, à 1 heure 1/2

Président : M. LABBÉ, Professeur

SUFFRAGANTS
- MM. BONNIER, DEMANTE, BUFNOIR — PROFESSEURS
- DESJARDINS, GARSONNET — AGRÉGÉS

PARIS
IMPRIMERIE MOQUET
11, RUE DES FOSSÉS-SAINT-JACQUES, 11
1877

DIVISION DU SUJET EN DROIT ROMAIN

Nous diviserons ainsi nos développements sur la *Stipulatio pœnæ:*

Dans un CHAPITRE Ier, nous donnerons des notions générales sur la *Stipulatio pœnæ:* nous dirons quelle a été son utilité, son rôle en Droit Romain; nous en détaillerons les formes, les caractères; enfin nous la définierons.

Un CHAPITRE II, sera consacré à l'étude des règles communes, à la stipulation pénale et aux stipulations conditionnelles. Ce chapitre sera divisé en 3 sections:

SECTION PREMIÈRE. — Principes sur la validité des stipulations conditionnelles et sur l'interprétation des conditions-applicables à la stipulation pénale.

SECTION II. — Du temps dans lequel la condition doit s'accomplir. — Principes applicables à la stipulation pénale.

SECTION III. — Conséquences du principe de l'indivisibilité des conditions-applicables à la stipulation pénale.

Nous terminerons, dans un CHAPITRE III, en disant quel est exactement, une fois la peine encourue, le droit du créancier.

DROIT ROMAIN

DE LA STIPULATIO PŒNÆ

CHAPITRE PREMIER

NOTIONS GÉNÉRALES SUR LA STIPULATIO PŒNÆ.

Ce qu'est la stipulation pénale? — La stipulation pénale a trait à l'exécution des obligations.

Elle peut être rangée parmi les procédés qu'il est permis au créancier d'employer pour se garantir contre l'inexécution possible de l'engagement que son débiteur a contracté envers lui.

De même qu'un créancier, redoutant l'insolvabilité de son débiteur, a le moyen de s'assurer contre elle par une fidéjussion, un gage ou une hypothèque, de même il a la possibilité de se prémunir contre les dangers que la mauvaise foi ou la négligence de son débiteur, d'ailleurs très solvable, peut lui faire courir : il fera emploi de la *stipulatio pœnæ*.

Les parties sont d'accord : après que le débiteur se sera obligé à faire ou donner quelque chose, *Pamphilum dari ou navem fieri*, le créancier stipulera immédiatement de lui dans ces termes :

Si Pamphilum non dederis ou *si navem non feceris* CENTUM *dari spondes* ?

Voilà la stipulation pénale.

Elle agit sur le débiteur à la manière d'une menace d'autant plus énergique qu'elle émanera du débiteur lui-même. C'est un jugement conditionnel tout préparé et prononcé par les parties contractantes : *pœnam stipulatione comprehensam more judiciorum*, dit la loi 14, Code 2, 3.

Désormais l'intérêt du débiteur répondra de lui ; il restera en droit, puisqu'il ne peut en être autrement, libre de faire ou de ne pas faire ce qu'il aura promis ; mais sachant qu'il ne peut manquer à son engagement qu'en s'exposant à un préjudice pécuniaire considérable : au paiement de la peine qui sera exigée de lui avec la dernière rigueur ; il est probable qu'il préférera procurer à son créancier l'exécution en nature de son obligation, le *factum* ou la *datio* qui en sont l'objet.

Non-seulement la stipulation *pœnæ* garantira l'exécution de l'obligation qu'elle sanctionne, mais elle activera la diligence du débiteur ; enfin lorsque, malgré cette précaution, un procès aura lieu, elle armera le créancier d'une action infaillible si le débiteur est solvable.

Utilité de la stipulation pénale. — L'utilité de la stipulation pénale apparaît surtout clairement lorsque le débiteur s'est obligé à faire ou à ne pas faire quelque chose, car il est de principe qu'en pareil cas nul ne peut être contraint dans sa liberté : « *Nemo precise cogi potest ad factum.* »

Aussi est-ce à propos des stipulations de ce genre que les Institutes sont amenées à nous parler de la stipulation pénale et à nous en montrer les avantages.

Tout dans une stipulation de faire ou de ne pas faire est incertain : l'action, la *condictio incerti*, a une formule des plus vagues : l'*intentio* et la *condemnatio* sont : « *Quidquid paret facere oportere* » « *quanti ea res erit judex condemna.* »

Le résultat du procès sera très aléatoire pour le demandeur : il devra avant tout prouver l'intérêt pécuniaire qu'il avait à obtenir l'exécution du factum : « Inventæ sunt obligationes ut unusquisque acquirat quod sua interest (Loi 38 § 17. D. 45. 1.). »

Cette preuve ne sera pas toujours facile : si elle n'est pas faite, il n'aura pas d'action.

Supposons l'action obtenue : le juge aura pour réduire sa condamnation en argent à faire l'*æstimatio* du *quanti ea res*, c'est-à-dire l'évaluation des dommages-intérêts. S'il cherche auprès du créancier les éléments de cette évaluation, il sera naturellement porté à le suspecter d'exagération ; s'il ne s'en rapporte qu'à lui-même, il pourra se tromper ; il sera donc possible qu'en fait le défendeur en payant des dommages-intérêts trop faibles, se trouve avoir eu bénéfice au procès que sa mauvaise foi aura causé. Le Jurisconsulte Venulius dit très exactement à propos des obligations de faire : (Loi 11. D. 46. 5.).

In hujus modi stipulationibus quæ quanti res est promissionem habent, commodius est certam summam comprehendere, quoniam plerumque difficilis probatio est quanti cujusque intersit, et ad exiguam summam deducitur.

Tous ces inconvénients seront évités avec la stipulation pénale : s'il faut à toute force venir devant le préteur, ce dernier devra délivrer au demandeur, qui préférera cette voie expéditive, la formule de la *condictio certæ pecuniæ*. Rien de plus précis que cette formule : l'intérêt pécuniaire est évident, le chiffre de la condamnation est fixé d'avance et invariable, le juge n'a qu'à vérifier trois choses : si la *stipulatio pœnæ* a eu lieu, si elle est régulière en la forme, et si elle est *commissa*, c'est-à-dire si la condition, d'où son existence dépend, s'est accomplie.

Ces trois choses vérifiées, la peine est adjugée sans conteste au demandeur :

« *Pœnam enim cum stipulatur quis, non illud inspicitur quod interest ejus, sed quæ sit quantitas in conditione stipulationis* (Inst. § 19. 3. 19). »

Il y a plus : comme il s'agira d'une *stipulatio certæ pecuniæ*, le demandeur aura la faculté (*facere permittitur*) d'exiger la *sponsio tertiæ partis* qui rendra pour le défendeur la condamnation plus dangereuse (Gaius, IV. § 172.) Ce sera une peine judiciaire qui s'ajoutera à la peine conventionnelle.

La *stipulatio pœnæ* paraît avoir eu à Rome une utilité

toute spéciale : on sait que le juge était un particulier plus accessible qu'un magistrat aux influences de préjugés et de caste : les luttes qui ont existé à une certaine époque entre diverses classes de la société romaine, les sénateurs et les chevaliers notamment, indiquent le danger qu'il pouvait y avoir à mettre entre les mains d'un adversaire politique le sort d'un procès.

La stipulation pénale, en ne laissant au juge qu'un rôle presque passif, évitait aux plaideurs les dangers que l'organisation du système judiciaire romain les exposait à courir.

On voit par cet exposé combien devait être fréquent chez les Romains l'emploi d'un procédé qui présentait de tels avantages et qui était si conforme au génie éminemment pratique de ce peuple.

Aussi est il question de *pœna* à propos de presque tout dans le Digeste :

Pœna dans les stipulations conventionnelles.

Pœna dans les stipulations prétoriennes, notamment dans celles proposées par les Édiles dans les ventes d'esclaves ou de bestiaux; dans les stipulations « *Ratam Rem* » et « *amplius non agi* ».

Pœna dans les stipulations judiciaires : souvent le juge par son *jussus* contraint le défendeur contre lequel la condamnation sera prononcée à faire une *satis datio* : « Hominem intra certum diem tradi : et si traditus non fuisset, pœnamque stipulatus est : (loi 4, § 7. D. 44. 4.) Un délai de grâce sera accordé au défendeur, s'il s'exécute dans l'intervalle, s'il livre l'esclave, il évitera la condamnation; *omnia enim judicia sunt absolutoria*; sinon la condamnation sera toute fixée, elle consistera dans le montant de la peine.

Il y a en outre les stipulations pénales judiciaires : de la *sponsio pœnalis* et de la *sponsio appellationum.*

Pœna dans les stipulations communes faites *judicio sistendi causa*,

Enfin *pœna* dans les legs où ce moyen de contrainte est employé très-fréquemment en des termes analogues ceux que nous rencontrons dans la stipulation.

Nous bornerons notre étude à l'examen de la *pœna* dans les stipulations conventionnelles. Pour cet objet restreint nous réserverons l'expression de *stipulatio pœnæ* qui s'y appliquera mieux que celle trop générale de *pœna.*

C'est avec intention que nous laissons de côté l'appellation de « *clause pénale,* » familière aux interprètes. Elle ne se rencontre dans aucun texte du digeste et elle tend à faire naître des idées fausses.

Qui dit « clause » en effet indique quelque chose d'accessoire et les auteurs qui ont parlé de la « *clause pénale* » n'ont pas manqué conséquemment de lui donner le caractère d'un contrat accessoire ; ce qui nous paraît inexact.

Rôle de la stipulation pénale en droit Romain.—Terminons ces idés générales sur la clause pénale par quelques mots du rôle que la stipulation pénale semble avoir joué dans le droit Romain :

Elle nous apparaît comme l'un des moyens dont les jurisconsultes se sont servis pour réagir contre le formalisme et la rigueur des principes de leur ancien droit.

Elle a servi à tourner certaines règles gênantes et à réaliser des progrès sensibles dans la législation.

a. C'est ainsi que nous voyons la stipulation pénale faire échec à la règle : « *ex pacto actio non nascitur* » Sans cesse il est question dans les textes, notamment à propos de transaction et de compromis, de l'adjonction d'une stipulation pénale à un pacte. Sans doute une stipulation ordinaire dans laquelle on aurait versé tout le *negocium* du pacte aurait suffi par donner force au consentement; mais il sera mieux, il sera plus sûr, *optimum*, *consultius*, *commodius erit* disent les textes (Inst. § 7, 3. 15. — Sentenc. de Paul, § 3, Tit. 1er. — Loi 11, D. 46. 2. — Loi 68, D. 45. 1. — Loi I, code 2. 56.) d'ajouter une *stipulatio pœnæ* ; car en ce faisant on ne donnera pas seulement à la convention force obligatoire, on assurera l'exécution de la convention : *ita ut metu pœnæ a placitis non recedatur.*

b. Nous voyons en second lieu la stipulation *pœnæ* renverser la règle *nemo alteri stipulari potest.* Au moyen de la stipulation pénale on n'arriva pas à rendre valable une pareille stipulation, ce qui n'était pas possible, mais à contraindre le promettant à s'exécuter en le menaçant d'une peine qu'à défaut il paierait au stipuant; (l. 38, § 17, D. 45. 1, Instit. § 19, 3, 19.)

c. Enfin nous voyons encore la stipulation *pœnæ* venir à l'encontre d'une autre règle qui a été vraie de tout temps en droit Romain : à savoir que le consentement ne suffit pas pour transférer la propriété des droits réels :

Inst. Liv. 2, tit. 3, § 4 : « *si quis velit vicino aliquid jus constituere, pactionibus atque stipulationibus id efficere debet.* »

Sans doute celui qui veut obtenir un droit de servitude à titre de *droit réel,* ne pourra pas y parvenir par des pactes de stipulation qui ne sont propres qu'à engendrer des droits de créance ; mais il pourra en fait se procurer quelque chose d'équivalent : il conviendra par un pacte que son adversaire lui procurera les avantages d'une servitude et ce droit d'obligation sera garanti par une *stipulatio pœnæ.*

d. Il apparaît aussi que la stipulation d'une peine servit à généraliser l'emploi du contrat de stipulation. Il devint en effet d'un usage si universel qu'on a pu dire que chez les Romains la stipulation servait à tout et que rien ne se faisait sans elle.

A l'origine cette forme de s'obliger ne put s'appliquer qu'à la *datio certæ pecuniæ* (Gaius IV, §. 19.) Une loi Calpurnia l'aurait étendue à la *datio omnis certæ rei.*

Mais les obligations *de faire* restaient en dehors et n'étaient point abordables à la stipulation (loi 81 D. 45 1). On finit par pouvoir stipuler un *factum* en en faisant faire au créancier l'évaluation sous forme de *pœna* dans une stipulation pénale : et c'est ainsi qu'à un moment ce procédé servit de transition entre la *stipulatio certa* et celle *incerta* « § 7 Inst. 3, 15, — loi 11, D. 46, 5 — l. 5, Cod. 8, 38. »

Formes de la stipulation pénale.— On a l'habitude de débuter sur la clause pénale (voir Accarias, *Précis* de D. Romain, tome 2, n°539 et Bufnoir Théorie de la condition, page 70) par une distinctionqui est devenue aujourd'hui presque classique, et que les commentateurs des XVIe et XVIIe siècles avaient déjà relevée (Fernandez de Retez de stipulatione Pœnali § 1er, novus Thesaurus de Meerman, tome VII, p. 413.)

La stipulation pénale, dit-on, se présente dans les textes sous deux formes types :

Stipulation pénale isolée : Forme A : « Si Pamphilum non dederis centum dare spondes ?

Stipulation pénale accompagnée: Forme B : « Pamphilum dare spondes? Si Pamphilum non dederis centum dare spondes ? »

A vrai dire il ne s'agit dans la 1re forme que d'une stipulation conditionnelle ordinaire ayant pour objet une somme d'argent promise sous une condition potestative de la part du débiteur. Centum est in obligatione Pamphilus in conditione, in *exsolutione*, comme dit la loi 44, § 5, D. 44, 7. »

Dans le 2e cas au contraire, il s'agit d'une stipulation pénale proprement dite. La même stipulation conditionnelle « Si Pamphilum, etc., etc. » que nous rencontrons dans la forme A prend dans la forme B un caractère spécial; elle intervient à la manière d'une sanction, d'un moyen de contrainte, et il y a ceci de remarquable que la datio de Pamphile in obligatione dans la première stipulation (forme B) se trouve in conditione dans la seconde stipulation de la même forme, en d'autres termes que l'inexécution de la 1re stipulation est la condition de l'existence de la seconde.

On conclut en disant que la *stipulatio pœnæ* n'a réellement lieu que dans la 2e forme B.

Nous n'admettons pas cette opinion. Sans doute, nous le reconnaissons, la distinction qu'on propose se trouve énoncée dans quelques textes, notamment dans la loi 115, § 2 Dig, de verb. oblig. de Papinien; (1) mais suivant nous c'est une erreur de croire que cette distinction ait été faite par tous les jurisconsultes et à toutes les époques du droit romain: et que la stipulation pénale n'existe que dans la seconde forme B.

Une stipulation pénale, une clause pénale, comme nous dirions maintenant, et cela est vrai toujours et partout, aussi bien autrefois à Rome qu'aujourd'hui chez nous, doit se rattacher à une autre obligation, puisqu'elle a pour but d'en assurer l'exécution.

Toute stipulation, ayant pour objet une somme d'argent promise sous une condition potestative de la part du débiteur, était à Rome vraisemblablement une *stipulatio pœnæ*. Bien qu'isolée comme dans la 1re forme A, elle a dû être précédée de quelque chose; ce qui est *in conditione* a dû être *in obligatione* antérieurement dans un pacte, dans un contrat *stricti juris* ou *bonæ fidei*, dans une obligation naturelle peut-être.

(1) On la trouve aussi dans la loi 44 § 6, D. 44, 7, la loi 1, § 8, D. 35, 2, la loi 1, § 6, D. 45, 3, et dans de nombrenx textes à propos de legs: loi 19, § 1 et loi 24, D. 36, 2.

Les parties en faisant la stipulation pénale de la première forme ont dû se référer mentalement à une obligation antérieure.

Nous croyons donc que les jurisconsultes Romains n'ont pas été aussi exclusifs, aussi formalistes qu'on le prétend et qu'ils ont vu une stipulation pénale aussi bien dans la 1re forme que dans la seconde; (1) ils ont dû se déterminer non pas par la forme, mais par le fonds; pour eux la stipulation de la 1re forme A, n'était pas, comme on veut le dire, une stipulation conditionnelle ordinaire ; la nature de l'objet, la nature de la condition en faisaient quelque chose de spécial.

Mais tout en reconnaissant comme nous cette différence entre la stipulation conditionnelle et la stipulation pénale, et en mettant à part cette dernière à laquelle ils réservaient un nom particulier, les Romains ne la traitèrent pas ; suivant des règles spéciales. Ils ne le pouvaient pas car il aurait fallu tenir compte de la volonté des parties et du but qu'elles s'étaient proposé et le caractère strict du contrat de stipulation s'y opposait.

La stipulatio pœnæ de la première forme nous paraît donc avoir presque toujours reçu l'application pure et simple des règles établies pour les stipulations con-

(1) La preuve en est que les textes maintiennent dans le cas de la première forme l'expression de *pœna*: l. 85, § 6, D. 45, 1, — l. 68, D. 45, 1.

ditionnelles ordinaires. (1) Il en fut différemment de la seconde forme: comme il résultait, de l'adjonction même de la deuxième stipulation à la première, l'intention de la part des contractants d'assurer l'exécution de l'une par l'autre, qu'on pouvait dire jusqu'à un certain point que cette intention ressortait dès *verba*; on put à une époque avancée du droit romain, traiter la stipulation conditionnelle de la seconde forme B différemment de celle de la forme A : et c'est ce qui a causé l'erreur des auteurs qui n'ont vu la stipulation pénale que dans la forme B.

Pour nous résumer : Dans l'ancien droit romain, et même pour certains jurisconsultes à toutes les époques du droit, on applique les principes des stipulations conditionnelles ordinaires, aux stipulations pénales des deux formes A et B. sans distinction. C'est la doctrine première et pure : de nombreux textes en font foi. Dans une deuxième phase de la législation et chez certains Jurisconsultes seulement, on commence à faire quant à l'application des règles une différence entre l'obligation pénale et l'obligation conditionnelle ordinaire; on met à part la stipulation pénale adjointe à un contrat de bonne foi, celle que prend une autre stipulation, la stipulation pénale intervenue devant le préteur, etc.

Nous verrons au fur et à mesure de cette étude

(1) Voir toutefois ce que nous dirons plus loin, sur la loi 8. D. 45, 1, ch. II, sect. II.

comment ces progrès se réalisèrent. Ils furent introduits par l'école Sabinienne, par Ulpien, Papinien surtout.

Caractères de la stipulation pénale. — Pour nous les caractères de la stipulation pénale en droit romain furent donc les suivants :

(*a*) D'abord et avant tout ce fut une stipulation conditionnelle. La condition est de l'essence de la stipulation pénale, ajoutons; la condition potestative de la part du débiteur ; ce caractère tient à la fonction même de ce contrat, qui consiste à ne punir le débiteur que si un événement préjudiciable au créancier se réalise.

C'est du reste à la suite des obligations conditionnelles qu'il est question aux Institutes (Liv. 3, tit. 15 § 7.) de la *stipulatio pœnæ.*

(*b*) C'est un contrat qui se rattache à une obligation antérieure. « Subjicere pœnam, adjecta pœna, subjungere stipulationem pœnalem » (l. 15 D. 2. 15.) disent les textes.

La stipulation pénale est quelque chose comme une garantie : *cavere*, *cautio* disent les textes à propos de la *pœna* (l. 4. § 1 D. 45. 1.). Une allusion directe est faite à cette idée, que la *stipulatio pœnæ* ressemble à une garantie, à propos de l'indivisibilité de la condition comparée à celle du gage :

(Voy. l. 85, § 6, D., 45, 1 ;
— 25, § 14, D., 10, 2 ;
Inst. 3, tit. 19, § 20, *in fine.*).

Nous n'allons pas jusqu'à admettre qu'à Rome on considéra la *stipulatio pœnæ* comme une obligation *ac*-

cessoire. Cette idée, qui est moderne, n'a jamais été admise chez les jurisconsultes romains, suivant nous ; par la force des choses, ils s'en rapprochèrent, mais n'allèrent pas jusque-là.

Ce second caractère, qui prime le précédent dans notre législation française, paraît avoir été peu important en droit romain ; cela tient, nous le répétons, à ce que la forme stricte de la stipulation ne permettait pas d'avoir égard à ces considérations tirées du but de la stipulation pénale.

Quoi qu'il en soit, de temps en temps, nous trouvons dans les textes des décisions qui témoignent de progrès sur ce point ; et les solutions différentes de celles qui découleraient uniquement des principes purs de la stipulation conditionnelle, s'expliquent par ce second caractère de la stipulation pénale, caractère qui n'a pas été méconnu par tous et à toutes les époques.

C'est alors qu'il sera intéressant de distinguer les deux formes et de savoir, comme le dit Papinien, si la stipulation *a conditione cœpit* ou *non cœpit*.

Définition de la stipulation pénale. — Nous pouvons donc, en termes larges, définir la *stipulatio pœnæ* : *la promesse de quelque chose de certain, ordinairement une somme d'argent, faite sous une condition potestative, de la part du débiteur*. Ajoutons : ou sous une condition casuelle dans le cas de stipulation pénale jointe à une promesse pour autrui. *Promesse qui se rattachera, soit expressément, soit implicitement, à une obligation précédente, civile ou naturelle, présente ou future, pure et simple ou conditionnelle.*

Nous ne trouvons pas, dans les textes, un seul exemple d'une stipulation pénale ayant pour objet autre chose qu'une somme d'argent (*certa pecunia*).

Il est naturel, en effet, que le créancier stipule une somme et non autre chose, à cause du résultat même qu'il doit attendre de la stipulation; elle doit lui éviter, dans un procès, les ennuis qu'il aurait éprouvés avec une créance incertaine, et lui donner le bénéfice de cette *condictio certi*, si précieuse pour sa précision. Toutefois, des textes supposent que la peine peut consister en autre chose qu'une somme d'argent (loi 11, § 2, D. 4, 8). « Pœna numeraria vel alia res vice pœnæ promissa. »

Voir aussi la loi 97, D. 45, 1 : « Te sisti nisi steteris hippocentaurum dari. »

Et la loi 126, § 9, D. 45, 1 : « Te sisti et nisi steteris aliquid dari quod promittenti impossibile est. »

CHAPITRE II.

NOTIONS COMMUNES A LA STIPULATION PÉNALE ET AUX STIPULATIONS CONDITIONNELLES.

SECTION PREMIÈRE.

Principes sur la validité des stipulations conditionnelles et sur l'interprétation des conditions applicables à la stipulation pénale.

Comme nous l'avons dit, la stipulation pénale n'est pas, en droit romain, traitée autrement qu'une stipulation conditionnelle. Rien dans les *verba* n'indique un autre caractère ; l'objet *in obligatione*, la peine, ne sera du qu'autant que la condition sera réalisée.

Comme tout contrat de stipulation, dont elle n'est qu'une espèce (*stipulatio certa conditionalis*), la stipulation *pœnæ* exige, pour sa validité, des formes solennelles : le consentement, la capacité des parties, un objet.

De plus, il s'agit d'un contrat conditionnel ; il faut, pour qu'il reste valable, que la condition apposée ne soit pas du nombre de celles qui rendent la stipulation inutile : exemple : condition purement potestative du côté du promettant, condition illicite ou immorale.

Quand tous ces éléments essentiels de formation se rencontreront dans une stipulation *pœnæ*, nous dirons qu'elle sera valable, autrement elle sera inutile. Nous n'appliquerons ici que les règles ordinaires en matière de stipulations conditionnelles (nous n'aurons besoin que de celles-là), et nous les appliquerons, comme si la stipulation pénale était isolée, en faisant abstraction de la stipulation qui la précède.

Mais, bien que valablement constituée, la stipulation pénale peut n'avoir pas d'existence, *ex post facto,* par suite de la défaillance de la condition, et la peine ne sera due que dans le cas où cette condition sera réalisée.

C'est encore aux règles ordinaires que nous aurons recours (et elles nous suffiront) toutes les fois qu'il faudra savoir si la condition d'une stipulation pénale sera accomplie, c'est-à-dire si la peine sera encourue.

A cet égard, nous traiterons toujours la stipulation comme si elle était indépendante. Toutefois, il nous sera permis, quelquefois, d'avoir égard au but de la stipulation pénale et à l'intention qu'ont eue les parties en insérant la condition.

Autre chose est donc de dire : la stipulation pénale est valable.

Autre chose : la peine est encourue.

Nous rangerons sous deux paragraphes les textes qui ont rapport à ces deux questions :

§ 1er. *Textes se rapportant à la question de savoir si la stipulation pénale est valable ou non.*

A. Si l'objet de la stipulation pénale, la *pœna,* consiste dans une chose hors du commerce ou impossible, la stipulation pénale sera nulle faute d'objet mais la stipulation précédente vaudra par elle-même et se suffira.

C'est ce que dit :

Celsus loi 97, *de verb. oblig.* (45, 1).

« Si ita stipulatus fuero : Te sisti ? Nisi steteris hippocentaurum dari ? Proinde erit atque te sisti solummodo stipulatus essem. »

Et plus énergiquement « Paul, l. 126, § 3, D. 45,1 : si ita stipulatus fuero te sisti et nisi steteris aliquid dari, quod promittenti impossibile est, detracta secunda stipulatione prior manet utilis et perinde erit ac si te sisti stipulatus essem. »

Ces textes ne font qu'appliquer le principe des Institutes (liv. 3, tit. 19, § 1) reproduit par la loi 185, D. 50, 17 : pas d'obligation lorsque la dation de l'objet est impossible. Mais le dernier texte de Paul indique bien nettement que les deux stipulations, l'une pure simple *te sisti* l'autre conditionnelle *nisi steteris hippocentaurum dari*, doivent être traitées comme indépendantes l'une de l'autre. L'exposition du résultat démontre que le jurisconsulte ne le rattache pas à cette idée que la stipulation pénale est l'accessoire d'une stipulation principale. Il y a deux stipulations ; l'une, la première, est valable, l'autre se trouve nulle. On efface cette dernière et il reste la première stipulation valable, tout comme si elle n'avait jamais existé que seule.

Comme réciproque de la solution de ces textes nous pouvons dire ici, ce que nous répéterons plus loin, que si la première obligation était de donner Stichus qui aurait été mort, *à la connaissance des parties*, avant la stipulation, la seconde obligation pénale : *nisi dederis centum dari* vaudrait, bien que la précédente fût nulle; car la condition de ne pas donner une chose impossible est valable, et il en serait comme si on avait stipulé seulement; *si non dederis* (*quod tibi impossibile est*) *centum dabis*.

B. Si la condition qui affecte la stipulation pénale est impossible, contraire aux lois ou aux mœurs, (ce qui produit en pratique le même résultat, la stipulation pénale sera nulle.

Il n'y a, à cet égard, qu'à se reporter aux règles concernant l'apposition des conditions et à ce principe que pour savoir si une condition est immorale ou illicite il faut s'attacher non à la nature du fait, mais au but que s'est proposé la partie qui a imposé la condition.

C'est ainsi, que la loi 134, D. 45, 1, annule une stipulation pénale intervenue comme sanction à une promesse de mariage faite par stipulation entre les parents; « quia inhonestum visum est vinculo pœnæ matrimonia obstringi, sive futura sive jam contracta. »

Bien que les *fiançailles* (*sponsalia*) aient eu lieu autrefois, chez les anciens Latins sans doute, au moyen de sponsiones (d'où le nom) produisant un lien civilement obligatoire, les Romains n'ont jamais admis qu'il en fût ainsi chez eux; ils ne permettaient même pas qu'une *stipulatio pœnæ* fût ajoutée aux fiançailles.

Loi 71, § 1 D. 35, 1.

L. 5, *in fine* Code 5, 1.

L. 2, Code 8, 39.

A l'inverse la stipulation pénale sera valable dans l'espèce de *Papinien*, l. 121, *D.* 45, 1 :

« *Mulier ab eo, in cujus matrimonium conveniebat, stipulata fuerat ducenta si concubinæ tempore matrimonii consuetudinem repetiisset*; *nihil causæ esse respondi, cur ex stipulatu, quæ ex bonis moribus concepta fuerat, mulier impleta conditione pecuniam assequi non possit.* »

Est considérée comme nulle la stipulation pénale : *si heredem me non feceris tantum dari spondes*, (l. 61, D. 45. 1.)

De même la stipulation par laquelle une peine aurait été prononcée pour le cas où on divorcerait. L. 19, D. 45, 1.

On peut joindre un texte curieux de Paul, la loi 57. D. 24, 1, qui donne une décision contraire, mais dans un cas spécial.

Nous n'entrerons pas davantage dans l'examen de ces questions de fait qui se rattachent à l'étude de la condition en général, et qui sont à résoudre suivant les circonstances. Elles se présentent surtout à propos des legs faits *pœnæ nomine*.

C. Si la stipulation pénale est ajoutée à une promesse ou une stipulation pour autrui, contrats nuls en eux-mêmes, elle sera valable si d'ailleurs elle ne contient pas en elle-même des causes de nullité : c'est ce que nous avons dit tout-à-l'heure, à propos des lois 97 et 126, *de verb. oblig.*

A notre point de vue ces solutions sont toutes naturelles; elles n'ont pas besoin de démontration.

Justinien dans ses Institutes nous montre la stipulation pénale, jointe à une stipulation ou promesse pour autrui. (Inst. 3, 19, §§ 19 et 21.

Spondesne Titium mihi daturum? Voilà la promesse pour autrui. Elle est nulle, c'est-à-dire que je n'aurai contre vous ni contre Titius aucune action; vous n'avez pas promis votre fait, vous n'avez pu promettre celui d'un autre. Mais si nous avons joint à cette promesse pour autrui nulle, une stipulation pénale : *nisi Titius mihi dederit spondesne mihi centum*; cette stipulation pénale sera parfaitement valable : vous m'avez promis votre fait, la *datio de centum*, sous une condition casuelle parfaitement régulière.

Par ce moyen nous n'aurons pu rendre valable la stipulation pour autrui qui restera toujours nulle, mais je pourrai en obtenir indirectement le profit; c'est-à-dire que pour éviter de me donner 100, vous userez de toute votre influence sur Titius pour qu'il me donne ce que j'ai stipulé de vous qu'il me donnerait.

Il en est de même dans le cas d'une stipulation pour autrui : *spondesne Titio dari?* Ni Titius, ni moi n'aurons d'action contre vous, Titius parce qu'il n'a pu stipuler de vous, moi parce que je n'ai pas d'intérêt : *ut alii detur nihil interest stipulatoris*. (Inst. § 19. 3. 19.)

« Mais si j'ajoute une stipulatio pœnæ *nisi Titio dederis centum mihi dari spondes* » cette stipulation sera valable : committatur pœnæ stipulatio *etiam ei cujus nihil interest*. En réalité le stipulant a un intérêt certain : on lui a promis centum sous une condition potestative valable.

Dans notre opinion où nous considérons la stipulation pénale en elle-même, indépendamment de celle qui la précède, toutes ces solutions vont de soi.

Mais beaucoup d'auteurs (Voir Pothier oblig. n° 338) se sont trouvés embarrassés pour expliquer ce résultat si naturel pour nous.

Cela provient de ce qu'ils ont envisagé la stipulation pénale sous un double point de vue tout différent du nôtre.

Ils ont dit : « la stipulation pénale est par sa nature accessoire à une obligation primitive et principale. »

« Elle n'est que la représentation des dommages intérêts dus pour inexécution de cette obligation principale. »

Appuyés sur ces deux principes, ils ont résolu sans difficultés, les lois que nous avons examinées jusqu'ici.

Les solutions des lois 97 et 126, D. *verb. oblig.* cadrent parfaitement avec ces principes : l'accessoire ne peut subsister [sans le principal, la reciproque n'est pas vraie ; le principal ne dépend pas de l'accessoire et peut subsister sans lui. De même pour les textes relatifs aux conditions immorales et illicites ; ils ont dit : Si la première stipulation est nulle parcequ'elle est contraire aux lois ou aux mœurs, l'obligation pénale qui suivra sera nulle *comme l'accessoire.*

Mais ces auteurs se trouvent embarrassés par les décisions des § 19 et 21 des Institutes que nous venons d'examiner ; car l'objection suivante s'impose :

Puisque la stipulation et la promesse pour autrui sont nulles, comment peut-il se faire que la stipulation pénale, qui n'est que l'accessoire, soit valable et qu'il soit dû des dommages-intérêts pour l'inexécution d'une obligation qui ne s'est pas formée ?

Pothier et les auteurs que nous combattons sont obligés de faire des deux solutions des §§ 19 et 21 des Institutes autant d'exceptions à leurs principes :

Pothier n° 339 : « Ce principe que la nullité de l'obligation primitive entraîne celle de l'obligation pénale reçoit exception dans le cas d'une obligation à l'accomplissement de laquelle celui envers qui elle a été contractée n'a aucun intérêt appréciable, *puta cum quis alteri stipulatus est*. Nous avons vu que cette obligation était nulle ; néanmoins l'obligation pénale qui y est ajoutée est valable. »

« La raison est que l'obligation principale n'est nulle en ce cas, que parce que le débiteur y peut impunément contrevenir ; celui envers qui elle est contractée n'ayant en ce cas aucuns dommages-intérêts à prétendre en cas d'inexécution : l'obligation pénale qui est ajoutée purge ce vice en empêchant le débiteur d'y pouvoir contrevenir impunément. »

« Pareillement, quoiqu'on ne puisse pas promettre valablement le fait d'autrui, l'obligation pénale fait voir que celui qui a promis n'avait pas simplement intention de promettre le fait de ce tiers ; mais de se faire fort de ce tiers, et par conséquent il a promis *non de alio* mais *de se*. »

Pothier reconnaît que la stipulation ou promesse pour autrui est nulle et que si la stipulation pénale qui la suit est valable, c'est par une exception au principe que l'accessoire ne peut subsister sans le principal.

Si nous entrons bien dans le raisonnement de Pothier, nous dirons qu'il va jusqu'à conclure que la stipulation pénale, non-seulement donne effet indirect à la stipulation antérieure, mais encore purge le vice qui existait dans cette stipulation, vice provenant de l'absence d'intérêt ou de consentement; en sorte que, en suivant Pothier, on aboutirait à dire que la stipulation pénale rend valable la promesse ou la stipulation pour autrui et qu'il n'y a pas dans les § 19 et 21 des Institutes à proprement parler une exception au principe que l'accessoire ne peut subsister sans le principal,

Tout cela au fond nous paraît vrai; mais c'est du raisonnement moderne convenable à notre droit où la volonté des parties, l'intention est tout, le formalisme très peu de chose.

Quelques efforts qu'aient faits les Jurisconsultes Romains pour s'affranchir des entraves du contrat du droit strict, ils ne seraient jamais parvenus à faire sortir des *verba* d'une st ipulation tout le raisonnement qui précède; les textes indiquent clairement que la *pœna* promise n'empêche pas la nullité de la stipulation ou de la promesse pour autrui; elle produit seulement cet effet de rendre valable, comme condition, ce qui étai nul comme objet d'une promesse pure et simple : un fait à accomplir par autrui ou pour autrui.

Nous trouvons donc bien dans les textes qui nous occupent une confirmation de notre opinion sur la stipulation pénale et un démenti formel au système qui voit dans la stipulation *pœnæ* un contrat accessoire.

§ 2. *Textes ayant trait à la question de savoir si la peine est encourue ou non.*

C'est-à-dire si la condition sous laquelle la peine a été promise s'est réalisée ou non.

La règle générale en matière de stipulation conditionnelle est qu'aussitôt le fait *in conditione* accompli, la stipulation est *commissa*, c'est-à-dire que l'objet en est dû, — et que dans les stipulations on n'a égard, pour savoir si la condition est réalisée, à l'intention des parties qu'autant qu'elle peut résulter des *verba* qui sont, dans ce contrat essentiellement unilatéral, la cause et la mesure de l'obligation.

Si donc nous avons affaire à une stipulation pénale de la forme A : « *Si Pamphilum non dederis centum spondes* », la peine sera due par cela seulement que Pamphile ne sera pas donné, sans examiner par quelles circonstances cette dation a été impossible.

Nous dirons en principe la même chose de la stipulation pénale de la 2e forme B: *Pamphilum dari spondes? Si non dederis centum, spondes?*

Les Jurisconsultes romains, et cela doit être surtout vrai à la première époque du droit, ne tenaient dans cette deuxième forme, qui est la véritable stipulation pénale, aucun compte des événements qui avaient déterminé l'accomplissement de la condition.

Il suffisait que la condition se fût réalisée pour que la peine fût encourue.

Les textes qui, suivant nous, contiennent les règles générales et l'expression du droit primitif sont en opposition formelle avec la doctrine qui fait de la stipulation pénale un contrat accessoire.

Nous trouvons d'abord un texte très-important de *Paul, Loi* 22 *D.* (9. 2) *ad leg. aquil.*

« *Proinde si servum occidisti, quem sub pœna tradendum promissi, utilitas venit in hoc judicium.* »

Paul nous dit que, lorsqu'un esclave promis *sub pœna* a été tué par un tiers (il s'agit, on le suppose, de l'esclave du promettant) bien que le débiteur soit libéré *interitu rei* de son obligation de donner l'esclave, il ne devra pas moins la peine; et la preuve, c'est que, dans l'action de la loi *Aquilia* qu'il aura contre le meurtrier de l'esclave *injuria occisus*, on fera entrer l'estimation du préjudice qu'il éprouve en encourant la peine,

On a prétendu (M. de Vangerow notamment) que Paul supposait ici que l'esclave n'était pas promis ; que sa *datio* était seulement *in conditione* dans une stipulation pénale de la première forme A : *si servum non dederis, centum spondes*. Il ne s'agirait donc dans le texte que d'une stipulation conditionnelle ordinaire et la décision de Paul dans cette hypothèse irait de soi.

Mais cette explication n'est pas soutenable : l'esclave a été promis « SERVUM tradendum sub pœna PROMISI »; nous sommes bien ici dans l'hypothèse d'une double stipulation de la forme B : « servum dare spondes? si non dederis centum spondes ?» Et du reste d'après l'opinion que nous avons adoptée, la stipulation de la première forme A est aussi une stipulation pénale.

Vient ensuite *Paul l. 77 D. de verb.oblig.* (45. 1) :

Ad diem sub pœna pecunia promissa et ante diem mortuo promissore committitur pœna, licet non sit hereditas ejus adita.

De même *Paul, l. 8. D. de verb. oblig.* 45. 1 :

« In illa stipulatione : si kalendis Stichum non dederis decem dare spondes ? Mortuo homine quæritur an statim ante kalendas agi possit. Sabinus, Proculus expectandum diem actori putant, quod est verius ; tota enim obligatio sub conditione et in diem collata est, et licet ad conditionem commissa videtur, dies tamen superest. »

Joignez *Labéon* : *l.* 9 *D.* 22. 2 :

« Si trajectitiæ pecuniæ pœna, uti solet, promissa est, quamvis eo die qui primus solvendæ pecuniæ fuerit, nemo vixerit ; tamen perinde committi pœna potest ac si fuisset heres debitoris. »

Tous ces textes paraissent traiter la stipulation pénale de la même manière en ce qui concerne l'accomplissement de la condition, sans distinguer s'il s'agit d'une stipulation *pénale* de la première ou de la deuxième forme ; la loi 8 D. 45. 1 suppose une stipulation pénale de la première forme, les autres lois des stipulations pénales de la deuxième forme.

Il semble en outre qu'il importe peu de savoir, la peine étant encourue pareillement dans les deux cas, si l'inexécution provient d'un accident non imputable au débiteur, ou de sa négligence coupable, par exemple : L'esclave avant que sa dation ne soit exigible a été tué par un tiers, ou a péri de mort naturelle ; le débiteur est mort sans laisser d'héritiers, ou sa succession est vacante avant que la dette ne soit échue ; la peine n'en sera pas moins due, comme si le promettant était l'auteur du meurtre de l'esclave, ou comme si le débiteur survivant, ou ses héritiers avaient par mauvaise foi inexécuté l'obligation : du moment que la condition est due, et elle l'est dans tous les cas sans distinction, la peine est due ; c'est une conséquence forcée, brutale pour ainsi dire.

Nous avons émis ces deux dernières propositions d'une manière dubitative parce que, suivant nous, il y a ici des nuances à observer.

Nous croyons que les Jurisconsultes romains lorsqu'il s'agissait d'une stipulation pénale de la forme A: *Si servum non dederis centum spondes?* appliquaient d'une manière très étroite le principe que, dans la stipulation, l'intention des parties n'est observée qu'autant qu'elle résulte des *verba*: le créancier du reste ici n'a droit qu'à la peine, l'esclave est *in conditione* et n'a pas été promis : nous croyons donc que dans ce cas si, à l'*insu des parties* l'esclave était mort avant que la stipulation n'ait été faite ; la peine serait due tout comme si les parties avaient connu le fait de la mort, dans lequel cas évidemment la peine serait due, la condition étant nécessaire (voir la loi 8, D. 45. 1. *supra*).

Mais lorsqu'il s'agit d'une stipulation pénale de la forme B, on est moins rigoureux, et les Jurisconsultes paraissent avoir été plus disposés dans ce cas à tenir compte de l'intention des parties malgré l'inflexibilité des *verba* de la stipulation : le créancier ici a droit et conserve, dans la limite du possible, son droit à deux choses, aux objets des deux stipulations; s'il se voit refuser la peine, il pourra demander l'esclave.

En outre l'idée de *peine* implique celle de *faute* : le but de la stipulation pénale est de menacer, et de punir celui qui peut devenir coupable ou celui qui l'est devenu.

On tiendra donc compte de ces considérations, mais comme il s'agit de stipulation, on n'en tiendra compte qu'à la dernière rigueur et quand l'application des principes absolus conduirait à un résultat par trop inique.

Il faudra, pour que le débiteur évite la peine, qu'il puisse prétendre que la condition ne s'est pas accomplie dans l'intention des parties contractantes; qu'il établisse qu'il n'a pas dépendu de lui que l'obligation ne soit exécutée : qu'à aucun moment, dans aucune circonstances il n'a été en son pouvoir d'acquitter son obligation, *quod per eum non stetit quominus solveretur* — et que s'il paie la peine il n'aura aucune compensation.

Reprenons avec ces idées les textes que nous venons d'examiner :

Dans la loi 22. D. 9. 22, le promettant aurait pu en s'exécutant plus vite éviter la peine; il est probable qu'il s'est écoulé quelque temps entre la stipulation et le meurtre de l'esclave. D'autre part s'il est obligé de payer la peine; il aura un moyen de se dédommager par l'action *Aquilia* sur l'auteur du délit.

De même dans la loi 77. D. 45. 1 : sachant qu'il avait à payer une dette, le promettant pouvait confier à quelqu'un le soin de payer pour lui, en cas où la mort viendrait le surprendre ; enfin sa succession étant vacante, on pouvait nommer un curateur chargé de payer la dette héréditaire. (Loi 23, § 3. D. 28. 5.).

Nous verrons du reste plus loin Papinien faire une différence très intéressante entre la stipulation pénale isolée et la stipulation pénale accompagnée ; dans la première il maintient la règle que l'intention des parties *id quod actum est*, *sententia contrahentium* (L. 115, § 2, D. 45. 1.) doit être observée.

Il ne s'agit dans l'espèce que de la question de savoir quand on peut dire que la condition est accomplie dans une stipulation pénale affectée de la condition de ne pas donner ; mais la portée de ce texte peut être généralisée.

Ces différences dans l'application des principes suivant qu'il s'agit d'une stipulation pénale de la forme A, ou d'une stipulation pénale de la forme B ; les tempéraments apportés aux règles trop absolues, de la stipulation, sont la preuve de progrès accomplis dans la législation Romaine;ils vont servir à nous expliquer des solutions qui au premier abord embarrassent mais qui se concilient parfaitement avec celles qui précèdent.

Le texte le plus important que nous allons étudier à cet égard est la loi suivante : dont le commencement est en dehors de notre sujet actuel :

Ulpien. Loi 69 *D. de verb. oblig.* (45. 1.) *Nec pœna*

rei impossibilis committetur : quemadmodum si quis Stichum mortuum dari stipulatus, si datus non esset, pœnam stipuletur.

La première obligation (*Stichum dari spondes ?*) est nulle faute d'objet, parce que la dation de l'esclave, que les parties (on le suppose) croyaient vivant et qui était mort au moment de la stipulation, était impossible. (Instit. 3. 19 § 1. Loi 1 § 9 D. 44. 7.)

Mais la stipulation pénale qui suit : *si stichum non dederis poenam dari spondes?* est parfaitement valable, car en elle même elle ne présente pas de cause de nullité.

Pourquoi donc la peine ne sera-t-elle pas due ? la condition semble pourtant accomplie, si nous nous en rapportons aux textes que nous avons vus jusqu'à présent.

Nous croyons qu'il s'agit ici d'une de ces solutions de la doctrine nouvelle à laquelle Ulpien, par la tendance même de son esprit élevé, devait naturellement se rallier.

Dans l'intention des parties, en tenant compte du but qu'elle ont eu en vue lorsqu'elles ont fait la stipulation pénale, on peut dire que la condition n'est pas accomplie. Les parties n'ont pas pu vouloir qu'une peine fut due lorsque l'inexécution résulterait de l'impossibilité de la dation; impossibilité originaire, antérieure au contrat, ignorée des parties.

L'inexécution que les parties ont prévue et dont elles ont entendu faire dépendre la peine est celle volontaire résultant de la faute ou du fait du débiteur, *dans une certaine mesure au moins*; ou de faits postérieurs au contrat. On ne peut donc dire ici sans manquer à tous les principes d'équité que la condition soit accomplie, et comme il s'agit de la stipulation pénale de la forme même pour laquelle les Jurisconsultes ont fait fléchir les règles de la stipulation, nous comprenons facilement la solution de la loi 69 et nous justifions qu'elle peut se concilier avec celles des lois de Paul précédemment expliquées.

Il aurait été ici absolument impossible au débiteur, à aucun moment et dans aucunes circonstances, de quelque manière qu'il s'y prît, d'accomplir son obligation de donner Stichus et d'éviter la peine. Nous pouvons citer ici la loi 23 § 3 D. 4. 8 : « Celsus ait : si arbiter me tibi certa die pecuniam dare jusserit, tu accipere noluisti; posse defendi, ipso jure pœnam non committi. »

On peut expliquer de la même manière et rattacher aux mêmes idées la loi 44. D. 45.1.

Paul : Et ideo si omnino non arbitretur, nihil valet stipulatio : adeo ut et si pœna adjecta sit, ne *ipsa quidem committatur*.

De même la loi 21 § 8 D. 4. 8.

Ulpien : Si intra diem compromissi aditus arbiter, post diem compromissi adesse jusserit, pœna non committetur.

De même la *loi* 115 *princ. D.* 45.1. de Papinien où il est question d'une stipulatio : « *Te sisti in certo loco,* » *imperfecta*, nulle, faute d'un terme omis par erreur, c'est-à-dire faute de consentement.

Nous ajouterons pour en terminer avec la loi 69

d'Ulpien, que si les contractants avaient, dans l'hypothèse de cette loi, connu la mort de l'esclave, la promesse de le donner n'en serait pas moins nulle, mais la peine stipulée à défaut de l'esclave serait due parce qu'une stipulation sous la condition de ne pas faire une chose impossible vaut comme pure et simple, (Lois 7, et 8 D. 45. 1 Inst. 3. 19 § 11 in fine) et parce qu'on ne peut dire ici que l'intention des parties a été méconnue.

Il est à remarquer que les jurisconsultes sont toujours plus disposés à tenir compte de l'intention des parties dans l'interprétation des conditions, et à excuser le débiteur empêché de s'exécuter par suite d'un accident, lorsqu'il s'agit de stipulations prétoriennes. Ces stipulations, en effet, se rapprochaient des contrats de bonne foi à raison de la *clausula doli* qui s y trouvait insérée (1) :

« In prætoriis stipulationibus si ambiguus sermo acciderit; prætoris erit interpretatio : ejus enim mens æstimanda est, » nous dit Venuleius (l. 9, D. 47. 5.).

Nous aurons l'occasion de faire cette remarque plusieurs fois au cours de cette étude.

Toutes les fois donc qu'il était question d'une stipulation pénale prétorienne, on admettait que le débiteur pouvait se défendre par une exception contre la demande de la peine, lorsqu'il était évident qu'il n'était pas en faute de n'avoir pas exécuté son obligation.

(1) Voir de Savigny, système, t. V, appendice XIII n° XIX.

C'est ce qui résulte du commencement de la même loi 69, D. 45. 1.

Ulpien : « Si homo mortuus sisti non potest, nec pœna rei impossibilis committetur. »

Et de la loi 2 § 1 et suivants, D. 2. 11, dans laquelle il est question d'une stipulation prétorienne *sistendi in judicio.*

Il en était de même dans le cas où la peine consistait dans les intérêts d'une somme d'argent ;

Loi 9, § 1, et loi 17, § 3, D. 22. 1.

Enfin il paraît également que, s'il s'agissait d'une stipulation pénale jointe à un contrat de bonne foi, les exceptions étaient aussi facilement admises :

Loi 10, § 1 *in fine* D. 14. 2, de Labéon.

SECTION II.

Du temps, dans lequel la condition doit s'accomplir. — Principes applicables à la stipulation pénale.

Nous venons de voir dans quel cas la peine est encourue, et nous avons dit que c'était lorsque la condition sous laquelle la peine avait été promise s'était réalisée.

Il nous reste maintenant à voir à quel moment précis on pourra dire que la condition s'étant accomplie, la peine est exigible.

Il y a tout d'abord à présenter une distinction : suivant que la stipulation, à laquelle la stipulation était jointe a été contractée *à terme* ou *sans terme*.

A. § 1. *Obligation contractée à terme.*

La stipulation pénale sera nécessairement affectée du même terme. Voyons d'abord les principes généraux sur l'accomplissement des conditions :

Si un délai a été fixé par les parties pour l'accomplissement de la condition, il faut s'en rapporter à ce qui a été convenu.

a. Supposons que la condition est *positive* (*si aliquid factum fuerit intra annum*). Quand l'événement se sera produit dans l'intervalle de l'année, on dira que la condition sera accomplie utilement.

Si l'année est écoulée sans que l'événement se soit produit et même si, dès avant l'arrivée du terme, il est certain que l'événement ne pourra plus se produire ; on dira que la condition est défaillie.

Si la condition est *négative* (*si aliquid factum non fuerit intra annum*) la condition sera accomplie si l'année expire sans que l'événement se soit produit et même, si avant l'expiration de l'année, il devient certain que l'événement ne pourra plus se produire.

Appliquons ces principes élémentaires de la stipulation conditionnelle ordinaire à la stipulation pénale.

Supposons la double stipulation pénale suivante : *Pamphilum dare* (*ou navem construere*) *intra annum spondes* ?

Si Pamphilum non dederis (*si navem non construxeris*) *centum dari spondes.*

Que l'on ait ou non ajouté à la deuxième stipulation les mots : *intra annum*, ils n'en affectent pas moins la condition de la stipulation pénale ; celle-ci en effet assure l'exécution de l'obligation dans les termes mêmes où elle a été contractée à moins que le contraire ne soit dit.

Appliquons maintenant les règles que nous avons posées tout à l'heure. Nous dirons : la stipulation pénale *si Pamphilum non dederis intra annum centum dari spondes*, étant affectée d'une condition négative, la condition sera accomplie, la peine sera exigible aussitôt que le délai d'un an sera expiré sans que l'obligation ait été exécutée, que la dation de Pamphile ait eu lieu.

L'effet produit sera brutal; la stipulation pénale sera *commissa*, c'est-à-dire la peine irrévocablement due aussitôt que le terme sera écoulé, ou plus exactement, car il s'agit ici non d'un effet du terme mais d'un effet de la condition, aussitôt que la condition sera accomplie.

Nous retombons ici dans tout ce que nous avons dit à propos de l'accomplissement de la condition dans le § 2 de la section précédente.

Les mêmes textes se représentent :

La loi 77 D. 45. 1; et la Loi 9. D. 22. 2. déjà citées.

Nous ajouterons la *loi* 23 *D.* 4. 8 : d'Ulpien ainsi conçue:

« Celsus ait si arbiter *intra Kalendas septembras dari*

jusserit, nec datum erit; licet postea offeratur, attamen semel commissam pœnam compromissi non evanescere :quoniam semper verum est, intra Kalendas datum non esse. »

L'arrivée du terme suffit pour rendre la peine irrévocable, sans qu'il soit besoin de mise en demeure. Quelques Jurisconsultes avaient cru à tort qu'il fallait une interpellation.

Un texte d'Africain la *loi* 23 *D.* 44. 7. fait allusion à cette opinion qu'il rejette du reste et qui n'a pas prévalu. Justinien, qui maintient la solution classique que l'arrivée du terme suffit sans mise en demeure, donne un motif peu juridique à savoir qu'il n'est pas nécessaire de rappeler à un débiteur les dettes qu'il a contractées (loi 12 C.8.38)« sciat minime se posse debitor ad evitandam pœnam adjicere quod nullus eum admonuit ; sed etiam citra ullam admonitionem eidem pœnæ pro stipulationis tenore fiet obnoxius: cum ea, quæ promisit, ipse in memoria sua servare non ab aliis sibi manifestari debeat poscere. »

La même solution était admise dans le cas où le créancier stipulait en cas de vente la *lex commissoria*; c'est ce que dit la même loi 23 D. 44. 7 *in fine* et la loi 4 § 4 D. 18. 3. Le même doute s'était présenté et la même solution avait été admise, nous dit Ulpien :

« Marcellus dubitat commissoria utrum tunc locum habet, si interpellatus non solvat, an vero si non obtulerit? Et magis arbitror, offerre eum debere, si vult se legis commissoriæ potestate solvere : quod si non habet, cui offerat, posse esse securum.

Quelques auteurs ont conclu de ces décisions relatives à la stipulation pénale et la *lex commissoria*, en les rattachant à la théorie de la *mora*, ce que semble confirmer le texte suivant :

« Ulpien Loi 114 D, 45. 1 : Si fundum certo die præstari stipuler et per promissorem steterit, quominus ea die præstetur consecuturum me quanti mea intersit moram facti non esse. »

Que dans les créances à terme, la demeure (*mora* a lieu, *re ipsa*, par l'échéance même du terme : c'est ce qu'on a exprimé par la formule : *Dies interpellat pro homine.*

Aujourd'hui il est presque universellement admis que cette formule n'a jamais été vraie en droit romain, que les conséquences du retard imputable au débiteur n'y avaient lieu qu'autant que le débiteur était constitué dans un état non de fait mais de droit (*la mora*) par une interpellation régulière de la part du créancier et que sans exception la formule contraire est vraie : *mora fit non ex re sed ex persona* (loi 32 D. 22. 1). Pour que le débiteur soit *in mora*, il faut qu'il soit en faute : cela est aussi nécessaire en droit romain qu'en droit français.

La règle *dies interpellat pro homine* ne se trouve dans aucun texte, elle est de plus manifestement contraire aux principes : Le terme qui est en général inséré dans l'intérêt du débiteur ne peut avoir pour conséquence d'empirer sa situation; or sans ce terme, il n'aurait été en demeure qu'après interpellation.

Que si le terme a été inséré en faveur du créancier, cela a pu être avec l'intention que l'expiration du terme entraînera de plein droit la demeure du débiteur, mais il faudra une convention expresse à cet égard.

Quant aux arguments tirés des décisions relatives *à la stipulation pénale* et à la *lex commissoria*, elles n'ont aucune portée dans la question, car elles se rattachent non pas à la théorie de la *mora*, mais à celle de la condition.

C'est ce que les anciens commentateurs n'ont pas suffisamment distingué ; ils ont fait mal à propos intervenir les principes de la *mora* en traitant de la stipulation pénale : de là des confusions regrettables, et des complications inutiles.

La stipulation pénale, comme la *lex commissoria*, ne sont autre chose que des obligations contractées sous une condition potestative de la part du débiteur et dont la forme est ordinairement négative. Comme telles, elles suivent les principes que nous avons vus à la précédente section, c'est-à-dire que la peine est encourue, la vente est résolue, aussitôt que la condition s'est accomplie sans qu'on s'occupe de savoir si du reste le débiteur est en faute, *in mora* : c'est parce qu'il a laissé s'accomplir la condition et non parce qu'il est *in mora* que le promettant est tenu.

Nous avons à examiner à propos du sujet qui nous occupe quelques textes importants qui paraissent renfermer des solutions contradictoires.

Il s'agit :

(*a*) *D'une part* de deux lois de Paul, d'abord la loi 8 *D.* 45. 1, dont nous avons donné le texte au § 2 de la section première, et la loi 10 § 1 *D.* 2. 11. « Homo sisti promissus, ante diem dolo promissoris periit ; certo jure utimur, non ante pœnam peti posse quam dies venerit : Tota enim stipulatio in diem collata videtur.»

(b) Et *d'autre part* d'une loi de Pomponius, loi 10 *D.* 45. 1 : «Hoc jure utimur ut ex hac stipulatione, si Lucius Titius ante Kalendas Maïas in Italiam non venerit, decem dari spondes ? non ante peti quicquam possit quam exploratum sit ante eam diem in Italiam venire Titium non posse neque venisse, sive vivo sive mortuo id acciderit. »

Prenons d'abord la loi 8 de Paul et la loi 10 de Pomponius et fixons bien les hypothèses.

Paul suppose une stipulation pénale isolée ainsi conçue :

Si Kalendis Stichum non dederis decem dari spondes?

Cette stipulation est affectée d'une condition *potestative négative* : *si non dederis.*

Pomponius suppose aussi une stipulation conditionnelle ordinaire :

« Si Lucius Titius ante Kal. Maias in Italiam non venerit, decem dari spondes. »

Cette stipulation est affectée d'une condition *casuelle négative.*

Pomponius décide que, s'il résulte des circonstances (la mort de Titius ou autre accident) que Titius sera dans l'impossibilité absolue de venir en Italie avant les Kalendes de mars, on n'aura pas besoin d'attendre l'arrivée du terme, et que la peine sera exigible aussitôt qu'il sera certain que la condition ne pourra pas ne pas s'accomplir.

Au contraire, Paul décide que si Stichus est mort avant les Kalendes, bien qu'il soit certain qu'il ne pourra pas être donné avant les Kalendes et « licet ad conditionem committi stipulatio videatur ; » cependant la peine ne sera exigible qu'à l'expiration du terme : *dies tamen superest.*

Pourquoi cette différence? On a dit, en se fondant sur le texte même de la loi de Paul, que dans son hypothèse il s'agissait d'une obligation à la fois sous condition et à terme : « Tota obligatio sub conditione et in diem collata est. » On peut soutenir en effet que Kalendis affecte l'obligation elle-même de *dare decem* et non-seulement la condition.

D'où il resulte que si la condition se réalise avant le terme, le droit à la peine sera ouvert, mais elle ne sera exigible que quand le terme sera arrivé.

Qu'au contraire dans l'hypothèse de Pomponius l'obligation de donner *decem* n'était pas à terme ; mais qu'un délai avait été seulement fixé pour l'accomplissement de la condition ; que l'obligation étant uniquement conditionnelle devait suivre les règles générales que nous avons exposés au § 1er de notre section 2, à savoir que, lorsqu'il s'agit d'une condition négative la condition est accomplie si le terme expire sans que l'événement se soit produit, et même, si avant le terme, il devient certain que l'événement ne pourra plus se produire.

Nous préférons une conciliation qui remonte à Barthole, que nous trouvons reproduite par Donneau et qu'enfin nous relevons dans un ouvrage du

17° siècle (1) que nous avons consulté souvent avec fruit.

Ces auteurs qui avaient reconnu l'antimonie de ces textes les expliquaient par les distinctions suivantes :

Si le terme est ajouté à une condition potestative, qui dépend du fait ou de la volonté du promettant (si non dederis, si non steteris) bien que la condition soit accomplie, il faudra attendre l'expiration du terme pour demander la peine.

C'est le cas de la stipulation pénale proprement dite.

Si le terme est ajouté à une condition casuelle qui dépend de fait étranger au promettant : (si Titius in Italiam non venit) la condition remplie, il n'est pas nécessaire d'attendre l'arrivée du terme.

Et on peut trouver des raisons d'équité :

Dans l'hypothèse de Paul (condition potestative) il a été sous-entendu qu'on accordait au débiteur pour s'acquitter tout le temps qui s'écoulerait jusqu'au terme ; après l'arrivée de la condition il reste le terme.

Dans l'hypothèse de Pomponius, il n'y a pas lieu de présumer que le terme ait été ajouté en faveur du débiteur (2) ; alors on ne considère que la condition, à moins qu'il ne résulte de la convention que le terme doive être écoulé. C'est ce qui résulte du texte curieux du même Pomponius l. 4, § 5, D. 35. 1 ;

(1) Fernandez de Rez, de stipulatione pœnali. Novus Thesaurus de Meerman, tome VII, p. 413 et seiv.

(2) Toutefois il pourrait y avoir dans ce cas une stipulation pénale adjointe à une promesse pour autrui.

« Si ita scriptum sit : si in quinquennio proximo Titio filius natus non erit; tum decem Seiæ heres dato. »

« Si Titius ante mortuus sit ; non statim Seiæ decem deberi, quia hic articulus *tum* extremi quinquennii tempus significat. »

La loi 8 de Paul traite d'une stipulation pénale isolée ; c'est d'une stipulation pénale accompagnée qu'il est question dans la loi 10 § 1.D.2. 11 du même Paul et où la même solution est admise.

Nous voyons donc dans ces textes, comme dans la loi 115 § 2 de Papinien 45. 1 et d'autres textes traitant ou de stipulations pénales de la deuxième forme B ou de stipulations pénales prétoriennes, une nouvelle preuve de la tendancedes jurisconsultes à tenir compte de l'intention des parties dans ces stipulations, et de les traiter plus favorablement que des stipulations conditionnelles ordinaires.

Revenons maintenant au développement de notre principe que l'expiration du terme rend de plein droit la peine exigible.

Un texte de Proculus nous montre combien ce principe était rigoureux : la loi 113 D. 45, 1. L'espèce est celle-ci :

J'ai stipulé de vous que vous me feriez *arbitratu meo* un travail qui demande un certain temps (par ex. : la construction d'une maison). J'ai ajouté un terme dans lequel le travail serait fait (*ante kalendas junias*). J'ai stipulé de vous une peine à défaut de l'achèvement du travail dans le temps fixé et puis j'ai *prorogé le terme* (*protuli diem.*)

Le jurisconsulte décide que si le stipulant a déterminé, comme il s'en est réservé le droit, les conditions (*Dimension*, *forme*, etc.) dans lesquelles le travail doit être effectué et cela avant le terme de manière à ce que le travail puisse être achevé en temps voulu, la peine est due, non seulement si le terme expiré le travail n'est pas achevé (ce qui va de soi); non seulement aussi, conformément à la doctrine précédemment établie, si avant le terme il devient évident que le travail ne pourra être achevé en temps voulu (mais alors sans doute la peine ne pourra être exigée avant le terme, conformément à la doctrine de la loi 8. D. 45. 1 approuvée, nous dit Paul, par le même Proculus, auteur de la loi 118 que nous expliquons.

Proculus va beaucoup plus loin : *il décide que la prolongation du terme accordée au débiteur*, alors qu'il était certain que l'ouvrage n'aurait pu être effectué en temps voulu et ce avant l'arrivée du terme, *ne déchargerait pas de la peine encourue* :

« Nam si tum diem stipulator protulit, cumjam opus ante kal. Junias effici non poterat, *puto pœnam esse commissam.* »

Il est bien entendu que si le stipulant n'avait pas donné ses instructions en temps opportun, la peine ne serait pas due, c'est ce que nous avons vu, l. 44, D. 45. 1.

La solution de la loi 113, admise par Pothier (n° 349 des obligations) est en effet rigoureusement conforme au principe qu'aussitôt la condition accomplie, le terme expiré, la peine est irrévocablement exigible ; il n'y a pas à se préoccuper de faute ou non chez le promettant, de remise de la peine dérivant de ce qu'une prolongation aurait été accordée après coup ; l'accomplissement de la condition produit un effet absolu.

Les anciens commentateurs, Donneau, par exemple, qui rattachaient les solutions dont nous nous occupons aux principes de la *mora*, ne pouvaient justifier la décision de la loi 113. Ils la considéraient donc, comme le produit d'un raisonnement abstrait, formulé en droit pur, *in apicibus juris* par un jurisconsulte habitué à ne pas transiger avec les principes. *Ipso jure* la peine était due; mais le créancier qui la demanderait dans ces circonstances devrait, selon Donneau, être écarté par une exception de dol.

Nous croyons que cela peut être admis.

B § 2. —. *Obligation contractée sans terme.*

Deux hypothèses peuvent se présenter : la stipulation pénale peut être :

Pamphilum dari spondes? Si non dederis centum spondes? Elle peut être : *Pamphilum dari spondes ? Si non dederis intra annum centum dari spondes?*

Débarrassons-nous tout d'abord de la deuxième hypothèse que nous ne voyons pas traitée dans les textes, mais qui ne fait pas difficulté.

Si la première stipulation est sans terme, et la seconde stipulation pénale *à terme*, le créancier ne pourra, dans notre espèce exiger la peine de 100, que si une année s'est écoulée sans que la dation de l'esclave ait lieu ; mais comme la première stipulation est *pura*, c'est-à-dire *præsens*, exigible sans délai, le créancier, s'il veut renoncer à la peine qui ne peut être encourue qu'à l'expiration de l'année, pourrait demander de suite l'esclave.

La peine n'a en effet été promise que dans le cas où le créancier serait une année sans recevoir l'esclave.

Revenons maintenant à la première hypothèse à propos de laquelle nous allons voir de graves difficultés se présenter dans des textes importants.

Commençons comme dans le texte précédent, par énoncer les principes généraux sur le temps dans lequel la condition doit s'accomplir :

(*a*) Si les parties n'ont pas fixé de délai pour l'accomplissement de la condition et s'il s'agit d'une condition *positive*, tant que le fait prévu reste possible, la condition est pendante ; elle est accomplie si le fait est arrivé ; elle est défaillie quand il sera devenu certain que le fait ne pourra plus se réaliser.

(*b*) S'il s'agit d'une condition *négative* sans délai fixé pour son accomplissement ; tant que le fait reste possible, la condition reste en suspens ; s'il est accompli, elle est défaillie ; s'il est certain que le fait ne pourra plus se réaliser, la condition est tenue pour accomplie.

S'il s'agit d'une condition *de ne pas faire* de la part du stipulant, la certitude que le fait ne pourra plus être accompli n'existera qu'à la mort du stipulant, en sorte que la stipulation équivaudra à celle : *Cum morietur sibi dari*, dont il est question aux Institutes, § 4. t. 15, liv. 3 (de verbor. oblig.)

On appliquait cette doctrine aux conditions de ne pas faire de la part du promettant, et c'est par là que les principes généraux viennent toucher la stipulation pénale dont nous nous occupons.

Le texte important sur ce sujet est la célèbre loi 115 D. 45.1 de Papinien, à laquelle nous avons déjà emprunté dans notre chapitre 1er la distinction des deux formes de la stipulation qui s'y trouve clairement exprimée et dont nous avons rattaché le premier alinéa du *principium* à l'explication de la loi 69 D. 45.1 dans la section 1re, § 2 de notre chapitre 2.

Nous allons maintenant examiner les autres décisions de cette loi qui se rapportent à l'objet dont nous nous occupons dans cette section.

Papinien, *loi* 115 *pr.* 2e *alin. D.* 45.1 : Si dans la stipulation « *te sisti in certo loco et si non steteris* 50 *aureos dari spondes* ? » (on a, non plus comme dans l'espèce précédente de la loi, omis par erreur l'apposition d'un terme) mais dit et entendu dès le principe (*si ab initio id agebatur*) que le promettant se trouverait à tel endroit le jour quelconque qu'il pourrait (*quocumque die sisteres et si non stetisses pecuniam dares*) à peine de payer une somme d'argent, la stipulation vaudra *quasi quælibet stipulatio sub conditione*, mais la peine ne sera due que quand il aura été déclaré par le juge *reum promittendi sisti non posse*.

Papinien continue dans le § 1 : « Sed et si ita stipu-

« latus fuero : *si in Capitolium non ascenderis*, vel « Alexandriam non ieris, centum dari spondes? »

« Non statim committetur stipulatio, quamvis Capitolium ascendere, vel Alexandriam pervenire potueris : sed cum certum esse cœperit te Capitolium ascendere vel Alexandriam ire non posse. »

Dans ces deux cas, il s'agit d'une stipulation sous condition négative de ne pas faire ; la solution donnée est la même qu'il s'agisse d'une stipulation pénale accompagnée : *Te sisti? si non steteris...* ou d'une stipulation pénale isolée « *Si in Capitolium non ascenderis centum dari spondes?* : la peine sera due seulement lorsqu'il sera certain que le fait ne pourra plus se réaliser et non pas *dès que le fait aura pu se réaliser*.

Papinien ne fait ici, en ce qui concerne la condition *de ne pas faire de la part du promettant*, qu'appliquer les principes purs et simples de la condition; sans distinguer la forme de la stipulation.

Dans le § 2 de la même loi, le jurisconsulte passe à l'examen de la condition *de ne pas donner*, de la part du promettant. C'est ici que le texte devient réellement intéressant pour notre étude, car il indique, qu'à propos d'une stipulation conditionnelle ayant le caractère d une stipulation pénale de la première forme A., une controverse s'était élevée entre les Proculiens et les Sabiniens sur la question de savoir à quel moment précis a stipulation était *commissa*. (Cujas voit une trace de la même dissention entre les jurisconsultes dans la loi 14, D. 45. 1.)

§ 2. *Item si quis ita stipuletur* : « Si Pamphilum non dederis, centum dari spondes ? »

Pegasus respondit non ante committi stipulationem quam desiisset posse Pamphilus dari. Sabinus autem existimabat, ex sententia contrahentium, postquam homo potuit dari, confestim agendum : et tamdiu ex stipulatione non posse agi, quamdiu per promissorem non stetit quominus hominem daret ; idque defendebat exemplo penus legatæ. Mucius etenim heredem si dare potuisset, pœnam, nec dedisset, confestim ad pecuniam legatam teneri scripsit ; idque utilitatis causa receptum est ob defuncti voluntatem et ipsius rei natura.

Pegasus avait pour lui les principes, que nous avons exposés sur l'accomplissement des conditions; et cette règle que dans le doute l'interprétation la plus favorable au promettant doit prévaloir.

Celui qui a promis de faire ou de donner dans un certain délai n'est point tenu, à moins que tout le délai qui lui a été donné ne soit écoulé :

L. 27, § 1. D. 45. 1. L. 99, § 1. D. 45. 1.

Donc celui qui a promis sans désignation de délai n'est pas tenu avant que tout le temps ne se soit écoulé pendant lequel il a pu s'exécuter.

Sabinus au contraire fondait sa décision sur l'intention des parties qui a été de contraindre le débiteur à s'exécuter promptement.

Suivant lui la stipulation : *Si Pamphilum non dederis centum dari spondes* ? devait, dans l'esprit des contractants équivaloir à celle-ci *Si Pamphilum non dederis quam primum potueris*, etc., etc.

Sabinus s'appuyait en outre sur l'autorité de Mucius Scævola dont il invoquait la décision à propos d'une *penus legata* (legs d'aliments, de provisions).

En effet, si le testateur a dit :

Si penum non dederis centum dabis ? L'héritier qui n'a pas délivré la *penus* aussitôt qu'il l'a pu, est tenu de payer la peine *centum* (voir loi 19, § 1, et l. 23, D. 36. 2.).

Cette solution, dit le texte, est dictée par l'intention présumée du défunt et la nature de la chose léguée : les provisions que le légataire ne peut attendre et dont il a besoin pour subsister. Sabinus aurait pu invoquer un autre exemple que nous trouvons dans un texte de Julien, la *loi* 17, § 1. (D. 40, 4.) On a mis dans un testament la mention : « Stichus si Capitolium non ascenderit liber esto. » Par interprétation favorable on admettait qu'il en était comme si le testateur avait dit : Stichus sera libre aussitôt qu'il aura pu monter au Capitole et qu'il ne l'aura pas fait.

Reprenons notre loi 115, § 2.

Dans l'alinéa « *Itaque* » Papinien émet son opinion personnelle, après avoir exposé les solutions différentes de Sabinus et de Pegasus.

Les termes dont il se sert indiquent que l'opinion des Proculiens était conforme à la vraie doctrine : elle n'était du reste que l'application pure et simple des principes de l'accomplissement des conditions à une stipulation qui au fond se rapprochait beaucoup d'une simple stipulation conditionnelle. On n'y avait pas égard à l'intention des parties parce qu'il s'agissait d'un contrat de droit strict. Papinien dans l'espèce proposée s'en tient donc à la décision de Pegasus.

Mais il admet que la doctrine de Sabinus peut se soutenir (potest Sabini sententia recipi), lorsqu'au lieu d'une stipulation pénale *quæ a conditione cœpit*, comme celle de l'exemple du texte, il s'agira d'une stipulation pénale accompagnée : « Pamphilum dari spondes ? Si non dederis centum ? »

Il est facile d'expliquer la distinction que fait le Jurisconsulte et de suppléer au texte à cet égard.

Si on peut avoir égard à l'intention des parties, c'est seulement dans la stipulation pénale accompagnée ; cette intention résulte de la nature même des deux stipulations et de leur adjonction.

La première est *pura*, c'est-à-dire, *præsens*. Pamphile est promis, il doit être donné de suite : il est exigible *statim*.

La deuxième stipulation contient la promesse de donner une somme d'argent aussitôt que la première obligation devenue exigible n'aura pas été exécutée.

Dès que le promettant aura été mis en demeure de donner Pamphile par une interpellation régulière (il pourra l'être quand il aura pu donner l'esclave et qu'il ne l'aura pas donné) la peine sera due.

Au contraire dans le cas d'une stipulation pénale isolée *quæ a conditione cœpit*; il n'y a qu'une seule obligation, qu'une chose promise due : *centum*, et ce conditionnellement. Pamphile n'est pas promis, n'est pas *in obligatione*; le promettant aura la faculté de le donner et de faire ainsi défaillir la condition.

On ne comprend pas que le promettant puisse dans ce cas être mis en demeure de donner l'esclave qu'il n'a pas promis : la faculté de donner l'esclave et de faire ainsi défaillir la condition sera conservée au débiteur tant que la dation de l'esclave sera possible.

Il s'agit ici d'une stipulation unique conçue sous une condition potestative négative, sans terme imposé au promettant. Nous connaissons la règle à cet égard : tant que le fait reste possible,la condition reste en suspens.

La solution donnée dans le même texte au *principium* à propos d'une stipulation pénale : « Te quocumque die sisti ? si non steteris 50 dare spondes ? » peut au premier abord sembler contredire celle donnée par le même Papinien dans le § 2.

Il ne faut pas oublier que cette stipulation n'est pas celle : *Te sisti ? Si non steteris*, car alors l'observation porterait. L'hypothèse est différente : Le Jurisconsulte suppose que les parties sont convenues que le promettant se trouverait à un endroit désigné un *jour quelconque à sa volonté, c'est-à-dire quand il pourrait* : *id agebatur ab initio et quocumque die sisteres*. Il est tout naturel qu'on ait égard à la volonté des parties et qu'on accorde au promettant pour s'exécuter tout le temps de sa vie, tant qu'il pourra se présenter. Tandis que, si on avait dit tout simplement « *Te sisti? si non steteris...* » le promettant devrait se présenter aussitôt qu'il le pourrait, conformément à la doctrine du § 2.

On comprend que les arguments donnés par Sabinus pour appliquer sa solution même à une stipulation pénale isolée n'aient pas convaincu Papinien.

Il ne pouvait en effet admettre que la décision de Scævola, à propos de la *Penus legata*, relative à la matière spéciale des legs, pût être appliquée à une stipulation : on comprend que dans un legs on ait pu tenir compte, en raison de la nature même de la chose léguée, de la volonté du défunt.

Nous dirons la même chose d'une solution exorbitante que nous rencontrons dans les mêmes textes sur la *Penus legata*, et qui consiste à dire que dans le legs conçu comme une vraie stipulation pénale : *heres meus Seio penum dato, si non dederit decem dato ;* aussitôt que l'héritier est en demeure de donner la penus, le legs de la penus *est transfusum et translatum in decem*: il n'y aura jamais eu dès ce moment qu'un legs de decem auquel sera uniquement tenu l'héritier qui ne conservera pas le droit de donner la penus pour s'exempter de la peine.

Ces décisions, suivant nous, doivent être limitées à la matière des legs, et même, nous ajouterons des legs d'aliments, et elles ne peuvent être transportées par analogie à la matière des obligations, ni surtout généralisées.

Quant à la loi 17 § 1. D. 40, 4 de Julien, elle n'aurait pas pu être invoquée par Sabinus avec plus d'exactitude parce qu'elle est relative à un legs de liberté, et que ce legs est traité d'une manière exceptionnellement favorable.

Il nous reste à expliquer la fin de la loi 115. « Itaque potest Sabini sententia recipi, si ita concepta sit stipulatio : Pamphilum dari spondes ! Si non dederis centum spondes ? *Quod sine dubio verum erit, cum id actum probatur, ut si homo datus non fuerit, et homo et pecunia debeatur.* »

Papinien suppose qu'une convention spéciale a eu lieu entre les parties, convention analogue à celle qu'on exprimait par les mots « *rato manente pacto* » intercalés dans la stipulation pénale qui intervenait pour assurer la transaction.

Dans l'hypothèse de notre § 2 les parties seront convenues que si Pamphile n'a pas été donné aussitôt qu'il aura pu l'être, non seulement le créancier pourra demander la peine; mais il pourra en même temps demander l'esclave; de sorte qu'il cumulera le bénéfice des deux stipulations.

Papinien, qui n'avait jusqu'ici admis la solution de Sabinus qu'avec hésitation, décide formellement qu'elle doit être suivie (*sine dubio*) dans l'hypothèse nouvelle qu'il pose. Il est en effet évident que si une sanction aussi exceptionnelle, aussi énergique, a été admise, c'est que le débiteur avait contracté l'obligation de donner Pamphile dans des limites de temps plus étroites que jamais; la peine devenait non plus la compensation de l'inexécution mais, du simple retard.

La loi 115 seter mine ainsi :

« Sed et si ita cautum sit « ut sola pecunia non soluto homine debeatur » , idem defendum erit quoniam fuisse voluntas probatur, ut homo solvatur aut pecunia petatur. »

Une autre convention a pu modifier les effets naturels de la stipulation pénale : on a pu dire qu'à défaut de l'esclave la peine *seule* serait due. Dans ce cas encore Papinien admet la doctrine de Sabinus. L'hypothèse était cependant plus délicate: parce que, bien que l'esclave fût promis, on suppose qu'il ne pouvait être exigé; c'était donc en fait revenir à la stipulation pénale isolée : Si Pamphilum non dederis centum spondes? pour laquelle Papinien n'admettait pas la doctrine de Sabinus.

Toutefois Papinien se décide parce que la forme de la stipulation pénale permet encore ici de tenir compte de l'intention des parties.

SECTION III.

Conséquences du principe de l'indivisibilité de la condition applicables à la stipulation pénale,

On a l'habitude de dire que la condition est indivisible : on entend par là que le droit dépendant de son accomplissement n'existe que quand la condition est accomplie pour le tout. Ainsi, dit la loi 23, D., 35, 1, de Julien : lorsqu'un fonds a été légué à quelqu'un sous la condition de payer 10 aux héritiers, le légataire aura beau verser cinq à l'un des deux héritiers, il ne pourra demander aucune partie du fonds légué, *quia conditionem scindere non possit.* Ce principe est développé très-clairement dans la loi 85, § 6, D., 45, 1, de Paul :

« Si ita stipulatio facta sit « *si fundus Titianus datus non erit centum dari* » *nisi totus detur pœna committitur centum, nec prodest partes fundi tradere* CESSANTE UNO. »

Et répété dans la loi 56, D., 35, 1, *de Javolenus* :

.. *Cui fundus legatus est* « *si decem dederis* » *partem fundi consequi non potest nisi totam pecuniam numerasset..... in eo vero, quod uni sub conditione legatum est,* SCINDI *ex accidenti conditio non debet.* »

La condition, en effet, s'accomplit entièrement ou ne s'accomplit pas du tout.

On a dit, et cette erreur est générale chez les commentateurs du dernier siècle, qui se sont inspirés de Dumoulin (voir Pothier, oblig., n° 350 à 364), que la stipulation avait pour effet de rendre *indivisible* l'obligation à laquelle elle avait été ajoutée, et que la peine elle-même était, en tant que peine, indivisible.

Il est résulté de là que l'on a confondu les règles des obligations pénales avec celles des obligations indivisibles, et que ce point de notre étude a été embrouillé de telle sorte, qu'il est difficile de se reconnaître dans les ouvrages qui ont suivi cette méthode défectueuse.

La vérité est que l'adjonction d'une stipulation pénale n'exerce aucune influence sur la nature de l'obligation qu'elle sanctionne; nous savons que le caractère de la stipulation pénale est d'être indépendante, et, de même qu'elle n'est pas modifiée dans sa nature de simple stipulation conditionnelle par l'obligation qui la précède, elle ne doit pas non plus réagir sur elle.

Ce qui explique l'erreur que nous venons de signaler, c'est qu'en effet, dans notre modèle de stipulation pénale, «fundum dari spondes? si non dederis centum spondes? » la *datio fundi* qui est et reste divisible dans la première stipulation, où elle est *in obligatione*, devient indivisible dans la seconde où elle est *in conditione*, c'est-à-dire qu'en jouant le rôle d'une condition, elle participe comme telle au caractère d'indivisibilité de toute condition.

(*a*) Si le promettant du fonds décède laissant deux héritiers et n'étant pas, nous le supposons, en demeure, chacun des deux héritiers ne sera tenu de la *datio fundi* que pour moitié, pour sa part héréditaire, parce que cette prestation a toujours été et reste toujours susceptible de se faire partiellement : donc la *datio fundi* n'était pas devenue indivisible, par cela seul qu'elle avait été promise *sub pœna.*

(*b*) Si le promettant était mort après avoir encouru la peine, et sans l'avoir payée, la peine, si d'ailleurs elle consiste en une chose divisible, comme une somme d'argent, se divisera de plein droit entre les deux héritiers, comme toute autre dette, en sorte que chacun n'en sera tenu que pour sa part héréditaire : c'est donc que l'objet de la stipulation pénale, la *pœna*, ne prend pas à ce seul titre le caractère d'indivisibilité.

Tout cela va de soi. Où la difficulté commence à

naître, c'est dans l'exemple (*a*), lorsque l'un des héritiers, Secundus, ne se sera pas acquitté de son obligation de prester sa part du fonds, tandis que l'autre héritier, Primus, se sera acquitté de la sienne.

Primus devra-t-il la peine ? La devra-t-il pour le tout ou pour sa part héréditaire seulement ? Ne devra-t-il la peine pour aucune partie ?

S'il paie sa part de la peine, aura-t-il recours pour cette part contre son cohéritier ? S'il paie le total de la peine, aura-t-il recours pour le tout ou pour sa part seulement contre ses cohéritiers ?

Supposons d'autre part que c'est le créancier qui est mort laissant deux héritiers : si au décès la peine était déjà encourue, chaque héritier pourra en demander sa part, car il en est saisi activement ; si lors du décès la peine n'était pas encourue, chaque héritier pourra demander sa part du fonds.

Mais alors s'il arrive que l'un des héritiers du créancier obtient sa part du fonds, tandis que l'autre n'obtient pas la sienne, la peine par cela seul qu'elle aura été commise vis à vis de l'un sera-t-elle commise vis à vis de l'autre, bien que cet autre ait obtenu satisfaction ? ou bien la peine sera-t-elle commise seulement vis à vis de l'héritier qui n'aura pas été satisfait, et alors pour le total ou pour sa part héréditaire seulement ?

Voila autant de questions qui se présentent à nous dans cette section et qui constituent le point dont nous avons à nous occuper. Les textes se présentent à nous en asssez grand nombre, tous s'expliquent par cette idée de l'indivisibilité de la condition.

On comprend d'autant moins l'erreur commise par certains interprètes du droit Romain, qu'ils étaient prémunis contre la confusion qu'ils ont faite par les textes eux-mêmes.

Nous trouvons en effet, dans deux lois notamment, un rapprochement formellement exprimé, et qu'à défaut nous aurions été naturellement portés à faire, entre les effets de la condition dans la stipulation pénale et les effets du gage et de l'hypothèque.

La loi 25, § 14. D. 10. 1. de Paul s'exprime ainsi : « Idem observatur in pignoribus solvendis, nam nisi universum quod debetur offerretur, jure pignus creditor vendere potest. »

La loi 85, § 6. D. 45. 1, du même jurisconsulte : « Quemadmodum non prodest ad pignus liberandum partem creditori solvere. »

Les biens du débiteur ne sont libérés de l'hypothèque pour aucune partie tant qu'une portion de la dette subsiste. Est-ce à dire que la dette garantie par l'hypothèque soit indivisible ?

De même la peine stipulée n'est pas due tant qu'une portion de la condition reste à accomplir. Peut-on dire pour cela que l'objet mis *in conditione* soit indivisible ? Pas le moins du monde. Ajoutons que la loi 44, § 5. D. 10. 2., de Paul attribue bien clairement à l'effet de l'évènement de la condition l'obligation pour les héritiers du débiteur de payer toute la peine : les expressions sont remarquables : « Si reliqui propter factum unius teneri cœperint *quasi conditio stipulationis hereditariæ extiterit.* »

Abordons maintenant les textes en commençant par les questions les plus simples: et d'abord supposons un seul créancier et un seul débiteur. Le débiteur peut-il, en s'acquittant par parties de son obligation, éviter la peine pour partie et tenir le raisonnement suivant : « J'ai promis tel fonds de terre et à défaut cent ; cette somme de cent représente la valeur de l'objet promis, et les dommages-intérêts dont je serai tenu si je n'exécute pas mon obligation de donner le fonds. Or, j'ai donné la moitié du fonds, je prétends ne devoir que la moitié de la peine, c'est-à-dire de la représentation de la valeur du fonds ? »

On lui répondra : « Vous avez promis cent, sous une condition; cette condition quant à son accomplissement est indivisible; il suffira que vous restiez devoir la plus petite partie du fonds pour qu'on puisse dire que le fonds n'est pas donné, tout comme si vous n'aviez rien donné du tout, et pour que vous soyez tenu de la otalité de la peine. »

C'est ce qu'Ulpien exprime dans la loi 9,§1.D.2. 11.

« *Si plurium servorum nomine, judicio sistendi causa, una stipulatione promittatur, pœnam quidem integram committi licet unus status non sit*, Labeo ait : quia verum sit, omnes statos non esse. » et Paul dans la loi 85, § 6, D. 45.1 :

« *Si ita stipulatio facta sit « si fundus Titianus datus non erit, centum dari » ? nisi totus detur, pœna committitur centum ; nec prodest partes fundi tradere, cessante uno.* » Ajoutez loi 47.D. 19.1 de Paul.

Supposons maintenant que le promettant soit mort

avant d'avoir donné le fonds, et qu'il laisse plusieurs héritiers, tenus chacun pour sa part héréditaire seulement de la datio fundi.

Tous les héritiers s'exécutent pour leur part à l'exception d'un seul qui refuse. Le créancier dira : il suffit qu'une partie du fonds me reste due pour que je puisse être autorisé à prétendre que le fonds ne m'est pas donné, et que la condition, sous laquelle la peine m'a été promise, s'est réalisée. Il réclamera à chacun des héritiers sa part de la peine sans s'occuper de savoir quel est celui qui aura fait ou non la prestation, il réclamera sa part de la peine aussi bien à celui qui aura donné sa part du fonds qu'à celui qui aura refusé de la donner et aura fait par sa faute accomplir la condition erga omnes heredes.

Cette solution résulte de plusieurs textes. Paul, *loi* 25, § 13. *D.* 10.2 :

« Idem juris est in pecunia promissa a testatore si sub pœna promissa sit ; nam licet obligatio dividatur per legem XII tabularum ; tamen, quia nihilum prodest ad pœnam evitandam partem suam solvere... sive etiam solvit unus universam pecuniam quam defunctus promittit, ne pœna committeretur, familiæ erciscundæ judicio a coheredibus partes recipere poterit. »

Pomponius, l. 5. D. 49.1 :

§ 3. « Si sortem promiseris et si ea soluta non esset pœnam, etiam si unus ex heredibus tuis portionem suam ex sorte solverit, nihilominus pœnam committet donec portio coheredis solvatur. »

§ 4. « Idemque est de pœna ex compromisso, si unus

paruerit, alter non paruerit sententiæ judicis. Sed a coherede ei satisfieri debet ; nec enim aliud in his stipulationibus sine injuria stipulatoris constitui potest. »

Cette dernière phrase est caractéristique : la stipulation pénale confère au stipulant un droit tellement énergique qu'il n'a pas à se préoccuper de savoir par quelles circonstances il n'a pas eu satisfaction ; ce sera affaire entre les héritiers du débiteur de se partager définitivement le fardeau de la peine ; à l'égard du créancier, chacun en devra sa part héréditaire.

En sens inverse nous dirons, lorsqu'il s'agira des héritiers du créancier, que la peine sera commise au profit de tous, chacun pour sa part héréditaire, par cela seulement qu'il y aura eu contravention à l'égard de l'un d'eux : celui des héritiers du créancier, qui aura obtenu sa part du fonds promis, aura aussi bien le droit d'exiger sa part de la peine que le cohéritier qui aura souffert de la contravention : vis-à-vis du débiteur de la peine chacun des créanciers a un droit légal.

C'est ce que nous dit Paul dans la loi 2, § 6, D. 45.1 : « Contra autem si stipulator decesserit, qui stipulatus erat « sibi heredique suo agere licere » et unus ex exheredibus ejus prohibeatur ; interesse dicimus, utrum in solidum committatur stipulatio, an pro parte ejus qui prohibitus est; nam si pœna stipulationi adjecta sit, in solidum committitur, sed qui non sunt prohibiti doli mali exceptione summovebuntur, sive pœna *nulla posita sit*, *tunc pro parte* ejus tantum qui prohibitus est, *committitur stipulatio*. »

C'est ce que répète Ulpien loi 3, § 1. D. 45. « *Sed*

hæc differentia illam habet rationem quod, ubi unus ex heredibus prohibetur, non potest coheres ex stipulatu agere, CUJUS NIHIL INTEREST, NISI PŒNA SUBJECTA SIT. »

Voilà une décision formelle. Paul et Ulpien, se plaçant dans l'hypothèse d'une stipulation de ne pas faire et supposant que le débiteur ne s'est pas exécuté à l'égard de l'un des héritiers du créancier, font la distinction suivante :

S'il n'y a eu qu'une stipulation ordinaire non suivie d'une stipulation pénale, l'héritier du créancier qui n'aura pas obtenu satisfaction ne pourra poursuivre le débiteur et le faire condamner à lui payer des dommages intérêts, que proportionnellement à sa part héréditaire dans la créance ; les autres héritiers du créancier ayant obtenu satisfaction, n'auront pas d'action faute d'intérêt (1).

Au contraire lorsqu'une peine a été promise, chaque héritier, qu'il ait été satisfait ou non, a le droit de demander sa part dans la peine, de manière à ce que le débiteur paie toute la peine qu'il a encourue en laissant accomplir la condition.

(1) Dans la même l.2 §5, Paul, supposant une stipulation semblable « *neque per te neque... quominus mihi ire agere liceat?* » et le promettant mort laissant plusieurs héritiers; décide que, si un des cohéritiers a contrevenu à la stipulation, des dommages-intérêts seront dus même par les autres cohéritiers non contrevenants, sauf leur recours contre le coupable. Sans doute le jurisconsulte a omis de dire que la stipulation avait été faite *sub pœna*; autrement ce §5 serait en contradiction avec le § suivant.

La distinction faite par Paul et Ulpien indique positivement qu'ils considèrent la stipulation pénale comme purement conditionnelle et non comme la représentation des dommages intérêts dus en cas d'inexécution : la preuve, c'est que, si une *pœna* est ajoutée à la stipulation, elle sera *commissa erga omnes heredes*, aussi bien au profit des héritiers du créancier qui, n'ayant éprouvé aucun préjudice, ne devraient avoir droit à aucune réparation, que contre les héritiers du débiteur qui, n'étant pas coupables de contravention, ne devraient encourir aucuns dommages intérêts.

Il est évident que toutes ces solutions sont données en droit pur ; les résultats trop rigoureux auxquels conduit l'application des règles de l'indivisibilité de la condition sont atténués en pratique par les recours entre les héritiers au moyen de l'action *familiæ erciscundæ* et de l'action de dol. C'est ce qui résulte de la loi 9 § 1 D. 2, 11 — la loi 25 § 13 D. 10. 2 — la loi 2 § 6 et § 5. D. 45, 1.

Ajoutons qu'il faut bien se prémunir contre une confusion qui a été faite : quand ils disent que la peine est *commissa in solidum* les jurisconsultes n'entendent jamais par là que chaque héritier du créancier aura le droit de demander toute la peine, pour lui seul, comme un créancier solidaire ; ou que chaque héritier du débiteur pourra être contraint de payer toute la peine à lui seul, comme un débiteur solidaire.

Les textes dans leurs développements donnent à l'expression *in solidum* une interprétation différente en l'opposant aux expressions *pro parte hereditaria* : il serait absurde d'admettre que la situation puisse être aggravée pour le débiteur ou améliorée pour le créancier par suite d'un fait accidentel, la mort du créancier ou du débiteur laissant plusieurs héritiers.

Nous pourrions dès à présent nous former une opinion définitive, si nous ne rencontrions deux textes, un surtout très-important, qui contredisent, au moins en apparence, les lois où nous avons puisé nos principes.

Ces textes décident, à propos de la stipulation « *Titium heredemque ejus ratum habiturum* » et de la stipulation « *amplius non agi* » faites *sub pœna*, que l'héritier débiteur, auteur de la contravention, *sera seul tenu de la peine et pour sa part* ; que l'héritier créancier, victime de la contravention, *sera seul admis à demander la peine et pour sa part*.

Ces décisions ont paru à quelques auteurs provenir de ce que, dans ces lois et les hypothèses qu'elles étudient, la stipulation pénale n'est plus, ainsi que nous l'avons vu précédemment, considérée comme *conditionnelle*, mais comme la représentation des dommages-intérêts dus pour inexécution.

Nous voyons en outre le jurisconsulte Paul, reproduisant l'opinion de Caton, proposer des distinctions embarrassantes et nous rejeter dans le dédale des obligations divisibles et indivisibles que nous avons pu éviter jusqu'ici.

Le premier texte, qui se présente à nous et le plus simple, est de Paul.

La loi 44, § 6. D, liv. 10, t. 2. « Si quis stipulatus fuerit Titium heredemque ejus ratum habiturum et Titius pluribus heredibus relictis decesserit, *eum solum* teneri qui non habuit ratum et solum ex exheredibus stipulatoris acturum, a quo fuerit petitum. »

Le second texte est la célèbre loi 4, § 1, D. 45. 1 de Paul sur laquelle s'est exercée depuis longtemps la patience des commentateurs. On reconnait généralement que ce texte est altéré, et plusieurs restitutions en ont été proposées. (Voir à cet égard Maynz, éléments de droit romain, t. II, p. 360 et 361.)

Paul commence ainsi, reproduisant un passage d'un ouvrage de Caton :

« Cato scribit « pœna certæ pecuniæ promissa si quid aliter factum sit, » mortuo promissore si ex pluribus heredibus unus, contra quam cautum sit, fecerit : *aut ab omnibus heredibus pœnam committi pro portione hereditaria, aut ab uno pro portione sua?* »

A la question que se pose le jurisconsulte il faudrait, appliquant les principes que nous avons recueillis des textes précédents, répondre que la peine sera due par tous les cohéritiers, chacun pour sa part héréditaire, et cela sans distinguer la nature de l'obligation ; car la condition, *si quid aliter factum erit,* est accomplie par la contravention d'un seul des héritiers.

Caton distingue cependant :

« La peine sera *commissa* par tous les héritiers *pro portione hereditaria si id factum de quo cautum est individuum est veluti iter fieri.* »

Pothier, qui a longuement traité des difficultés que nous rencontrons ici, prétendait, d'après Dumoulin (Voir Poth., oblig. n° 356) que l'héritier qui contrevient à l'obligation indivisible contractée par le défunt, devient débiteur de la peine pour le total, et cela, non pas obliquement, (à cause du recours qu'auront contre lui ses cohéritiers non en faute), mais sous l'action directe du créancier qui peut lui demander la peine toute entière. En présence du texte si précis de notre loi, cette prétention n'est pas soutenable un seul instant. Sans doute les raisons de Pothier et de Dumoulin sont acceptables, et la preuve c'est que, pour la plupart, elles ont dicté les solutions de notre Code sur ce point ; mais il n'appartient pas au commentateur de forcer les textes, et il n'était pas possible de tirer de la loi 4, § 1 la solution qui précède. Pothier (au n° 356 oblig.) aurait dû céder à l'objection qu'il proposait en ces termes :

« On ajoute que la contravention de l'héritier ne donne ouverture à la dette de la peine qu'*en tant que cette contravention est comme la condition* sous laquelle l'obligation de la peine a été contractée par le défunt : cette dette de la peine qui a été contractée par le défunt, étant une dette du défunt, et une dette divisible, l'héritier n'en peut être tenu que quant à la portion pour laquelle il est héritier, et pour laquelle il succède en cette qualité aux dettes du défunt. »

La solution de Caton, que la peine intégrale est encourue, est incontestable ; nous ne voyons là que l'application des principes connus : la seule difficulté que nous rencontrons jusqu'ici provient de ce que ce résultat est rattaché, non pas à l'effet indivisible de l'accomplissement de la condition, mais à celui de l'indivisibilité de l'obligation contractée *sub pœna*.

Caton justifie ainsi sa décision : « quia quod in partes dividi non potest ab omnibus quodammodo factum videretur. »

Et plus bas, prenant un autre exemple d'obligation indivisible : « omnes commisisse videntur (quod nisi in solidum peccari poterit) illam stipulationem « per te non fieri quominus mihi ire agere liceat »

Dans la loi 85, § 3, D. 45, 1, Paul dans une espèce semblable raisonne ainsi :

« Verior est sententia existimantium unius facto omnes teneri : quoniam, licet ab uno prohibeor, non tamen in partem prohibeor, »

Si l'obligation de sa nature n'est pas susceptible d'exécution partielle, il est bien evident que la contravention d'un des débiteurs fait encourir la peine pour le tout.

Sans doute ces motifs là sont exacts; mais ils offrent l'inconvénient de tenir compte de la nature de l'obligation qui devrait rester indifférente, d'après la doctrine romaine.

Paul s'exprime, suivant nous, d'une manière plus conforme aux principes quand il dit, dans la loi 44, § 5, D. 10, 2, à propos d'une stipulation « neque per te neque per heredem tuum fore quominus quis eat, agat », garantie par une peine :

« Imo et si reliqui propter factum unius teneri cœperint, *quasi conditio stipulationis hereditariæ exstiterit*, « habebunt familiæ erciscundæ judicium *cum eo*, « propter quem commissa est stipulatio. »

Peut-être Paul dans notre loi 4, § 1, ne fait-il que reproduire sans les approuver les motifs de Caton?

Le texte arrive au cas où le fait promis est divisible et il décide que celui des héritiers du débiteur qui contrevient à cette obligation encourt seul la peine pour la part dont il est héritier :

« At si de eo cautum sit quod divisionem recipiat velati « amplius non agi » tum eum heredem qui adversus ea fecit, *pro portione sua solum* pœnam committere. »

Il s'agit de la stipulation qui a pour objet de ne pas exercer une action en justice. C'est une obligation de ne pas faire, et elle est divisible ; car le fait dont le promettant doit s'abstenir comporte une exécution partielle : chacun des héritiers du promettant ne pourra exécuter la promesse, qu'en proportion de la part qui lui appartient dans l'action.

Si une pareille stipulation est faite *sub pœna* et si un seul des héritiers du débiteur y contrevient, lui seul devra la peine, et il ne la devra que pour sa part héréditaire.

Voilà la décision neuve, contraire en apparence aux principes et qui a donné lieu à de grandes controverses.

Paul, après avoir exposé l'opinion de Caton, se demande si on ne pourra pas dire par analogie, de la stipulation *amplius non agi*, ce que Caton dit de la stipulation « (per te non fieri quominus ire liceat) » ; et il décide avec raison que la première se rapproche plutôt de celle « Titium heredemque ejus ratum habiturum ». Toutes deux, en effet, ont pour objet un acte juridique, l'obligation de ratifier ou de ne pas agir en justice, obligation que chacun des héritiers du promettant ne peut accomplir que dans la limite de ses droits héréditaires : obligation divisible en réalité.

Le texte se termine ainsi :

« Nam hac stipulatione et solus tenebitur qui non habuerit ratum et solus aget a quo fuerit petitum : idque et Marcello videtur : quamvis ipse dominus pro parte ratum habere non potest. »

Nous trouvons une décision conforme dans la loi 32, § 2, D. 35, 2) du Jurisconsulte Mæcianus qui, à propos de la *cautio legatorum,* semble appliquer la solution de Paul à toutes les stipulations prétoriennes :

« Omnes enim prætorias stipulationes ejusdem interpretationis esse : nam constare in judicatum solvi stipulatione, sive a parte actoris sive a rei plures heredes exstitissent; *non omnibus nec adversus omnes actionem contingere sed duntaxat his qui vicissent et adversus victos,* hisque adversus quos res defensa non esset, adversus eos qui rem non defendissent. »

Deux autres lois très intéressantes peuvent être également rattachées au texte de Paul :

C'est d'abord, la loi 2, § 2, *D.* 45, 5, de Paul :

« Incertam quantitatem continet stipulatio « Judicatum solvi » et « ratam rem dominum habiturum » et « damni » infecti et his similis *in quibus respondetur scindi eas in personas heredum,* quamvis possit dici ex persona heredum promissoris non posse descendentem a defuncti stipulationem diversam conditionem cujusque facere : at in contrarium summa ratione fit *ut uno ex* heredibus stipulatoris vincente *in partem ejus commit-*

tatur stipulatio: hoc enim facere verba stipulationis « quanti ea res est. »

Et encore la *loi* 18, *D.* 46, 8. Pomponius : « Si procurator, « ratam rem dominum heredemque ejus habiturum caverit » et unus ex heredibus domini ratum habeat, alter non habeat; sine dubio committatur stipulatio pro ea parte *pro qua* ratum non habebitur; quia in id committitur *quod stipulatoris intersit.* »

Le § 2, *de la loi* 4. *D.* 45, 1 se rattache à la même question à propos de la *stipulatio duplæ*, en matière de vente, qui n'est autre chose qu'une stipulation pénale (*de evictione*).

«Si is qui duplam stipulatus est decesserit pluribus heredibus relictis, unusquisque ob evictionem suæ partis *pro portione sua* habebit actionem. Idemque est in stipulatione quoque fructuaria, et damni infecti et ex operis novi nuntiatione. »

Nous voyons par tout ce qui précède que la décision de Caton n'est pas absolument isolée. Elle est sans aucun doute confirmée par Paul, qui l'approuve en la reproduisant, et qui, dans une espèce analogue, à propos de la stipulation « *Ratam rem* », donne une solution semblable à celle de Caton dans l'espèce d'une stipulation « *amplius non agi.* »

D'autre part nous avons vu Paul et d'autres jurisconsultes décider de même dans des espèces voisines.

Quelle est donc en définitive le compte qu'il faut tenir de ces décisions, la portée qu'il faut donner à ces textes, dont on ne peut méconnaître l'existence?

Bien évidemment il ne faut pas les étendre, les généraliser, comme l'ont fait quelques auteurs, jusqu'au point de dire que: toutes les fois que l'obligation primitive sera susceptible d'exécution partielle, la peine sera encourue seulement pour la partie de l'obligation non exécutée ; que si au contraire l'obligation est indivisible, la peine sera encourue pour le tout.

On se trouve alors en contradiction avec la généralité des lois du Digeste, et l'on n'a pour soi que des textes évidemment spéciaux. On prend l'exception pour la règle. D'autre part, on se fonde sur un caractère de la stipulation pénale qui n'a pas été, suivant nous, reconnu par les Romains, à savoir : qu'elle est uniquement la représentation des dommages-intérêts.

On pourrait croire que la loi 4, § 1 D. 45. 1 et les textes que nous y avons rattachés, témoignent d'une controverse qui aurait existé entre les jurisconsultes romains selon le point de vue sous lequel ils auraient envisagé la stipulation pénale, tantôt la considérant comme une stipulation conditionnelle ordinaire, tantôt comme la représentation des dommages-intérêts ;

Ou bien qu'il y a dans ces textes la trace d'une jurisprudence de nouvelle formation, comme celle que nous avons trouvée dans le texte de Papinien, loi 115, D. 45.1 à propos du moment où la condition de la stipulation pénale est accomplie.

Mais il n'est pas possible de s'arrêter à ces hypothèses si l'on réfléchit que le même jurisconsulte Paul serait alors en contradiction avec lui-même, puisqu'il est l'auteur de la loi 2 et de la loi 4. D. 45.1 qui sont en divergence complète.

Ces textes sont extraits du même livre du même ouvrage *ad Sabinum.*

Il faut donc absolument chercher une conciliation en faisant de la loi 4 une exception aux principes dans un cas spécial et en en restreignant le plus possible la portée, le champ d'application.

Quelques auteurs ont été frappés de ce qu'il est toujours question, dans les lois divergentes que nous avons citées, de stipulations dites prétoriennes, dont la formule était écrite dans l'album du Préteur : stipulatio judicatum solvi, cautio legatorum, stipulatio duplæ, cautio de rato, damni infecti, novi operis nuntiatio, etc , etc.

Ils en ont conclu qu'il faut distinguer entre les stipulations prétoriennes et les autres ; ils ont dit : En règle générale, la peine intégrale est due *in solidum* à tous et par tous pro portione hereditaria ; mais par exception elle ne sera due que *pro parte* par l'héritier contrevenant et *pro parte* par l'héritier victime de la contravention lorsqu'il s'agira d'une stipulation prétorienne.

On s'appuie aussi sur le texte de Mæcianus (l. 32, § 2, D. 35. 2) qui semble positivement étendre l'exception à toutes les stipulations prétoriennes.

On s'attache dans ce système non pas à l'objet, mais à la source même de la stipulation.

On donne pour motif de cette différence, que dans les stipulations prétoriennes les jurisconsultes romains étaient, comme nous l'avons vu, moins rigoureux quant à l'application des principes sur la stipulation et la condition en général ; qu'ils y tenaient compte davantage de l'équité et de la volonté des parties ; que ces stipulations prétoriennes se rapprochaient des contrats de bonne foi, la *clausula doli* y étant sous-entendue, sinon exprimée, à peu près dans toutes, par laquelle le promettant se rend responsable de son dol ; qu'enfin en cas de difficultés sur le sens et sur les clauses de la stipulation prétorienne, le magistrat était souverain juge de l'interprétation, puisqu'il en avait créé la formule. (Voir loi 9 D. 46.5. Venuleius : In prætoriis stipulationibus si ambiguus sermo acciderit, prætoris erit interpretatio : ejus enim mens æstimanda est.)

Tout en reconnaissant que cette manière de concilier les textes est en effet soutenable, et que les arguments sont en grande partie exacts ; nous préférons ne pas nous ranger à cette opinion. Elle a, suivant nous, le tort de donner trop de portée aux textes divergents ; d'autre part la distinction que l'on fait est arbitraire ; on ne la trouve pas dans les textes ; celle que l'on y trouve est uniquement fondée sur la nature divisible ou non de l'objet et dans le système que nous examinons on n'a aucun égard à cette distinction là.

Bien que la *tipulation duplæ*, la *cautio damni infecti*, celle *legatorum*, *etc.*, aient souvent lieu devant le magistrat ; elle peuvent cependant faire l'objet d'une stipulation spontanée, volontaire, purement conventionnelle et alors elles ne rentreront plus dans la distinction que l'on veut faire.

Enfin, si nous savons que les jurisconsultes avaient adouci les règles de l'interprétation des conditions à propos des stipulations prétoriennes, nous savons aussi que la stipulation *pœnæ* conçue sous la forme *quæ non cœpit a conditione* était également soustraite à l'application de ces règles rigoureuses.

Nous adopterons une explication qui est à peu près celle que Pothier donne dans son traité des obligations n° 357 pour concilier le § 4, *Si sortem* de la loi 5, D. 45. 1, avec le § 1 *Cato* de la loi 4 au même titre :

« Il faut s'en tenir aux conciliations de Cujas et de Dumoulin qu'on doit réunir en une seule et dire :

« Lorsque l'obligation est divisible « tam solutione quam obligatione » lorsque l'intention des parties en ajoutant la clause pénale a été simplement d'assurer l'exécution de l'obligation et non d'empêcher que le paiement ne pût se faire par parties par les différents héritiers du débiteur, surtout lorsque le fait qui fait l'objet de l'obligation primitive est tel *que les différents héritiers du débiteur ne peuvent l'accomplir autrement que chacun pour la part dont il est héritier* ; en ce cas la décision de Caton doit avoir lieu : celui des héritiers du débiteur qui contrevient à l'obligation doit seul encourir la peine et pour la part seulement dont il est héritier. Le fait rapporté dans l'espèce du paragraphe Cato « amplius non agi » est de ces faits divisibles *tam solutione quam obligatione* et qui par la nature des choses ne peuvent s'accomplir par les différents héritiers de celui qui a contracté l'engagement, que pour la part dont chacun est héritier, car, aucun de ces héritiers ne succédant que pour sa part au droit et à la prétention que le défunt s'est engagé à ne pas exercer, chacun des héritiers ne peut que pour sa part contrevenir à cet engagement ou l'exécuter ; en renouvellant ou en ne renouvellant pas cette prétention pour la part qu'il a.

« Au contraire, lorsque l'obligation est divisible à la vérité *quoad obligationem*, mais indivisible *quoad solutionem*, que l'intention des parties a été en ajoutant la clause pénale que le paiement ne pût se faire que par le total et non par parties ; en ce cas chacun des héritiers en satisfaisant pour sa part à l'obligation primitive n'évitera pas d'encourir la peine ; et c'est à ce cas qu'on doit restreindre le § *si sortem* lequel se concilie avec le § Cato. »

C'est en somme ce que décide notre art. 1233 C. civil.

Nous croyons qu'il faut préciser davantage et donner encore moins de portée à l'opinion de Caton.

Pour résumer ce qui précède, nous dirons que, suivant nous, la règle générale, celle qui résulte des textes et des principes, celle que la raison et l'équité viennent confirmer est : qu'il ne faut pas tenir compte de la nature de l'obligation garantie par la stipulation pénale : cette obligation est, nous le savons, indépendante; elle n'est jamais indivisible par cela qu'elle est sanctionnée par une *pœna*, et l'objet d'une stipulation n'est jamais indivisible par la seule raison qu'il représente une *pœna*. Il ne s'agit que de savoir si la condition s'est accomplie ou non, et, dès qu'il est constant qu'elle s'est accomplie, toute la peine est due ou peut être exigée : c'est de la condition et de son accomplissement et non de la nature de l'objet dû *sub pœna* ou de la stipulation garantie par la peine que dépend la question de savoir si la peine est due *in solidum* ou *pro parte*.

Toutefois (et nous faisons cette unique part à la loi 4 § 1 et aux textes correspondants), par exception dans certains cas, la peine ne sera exigible et due que dans la limite de la contravention, dans la mesure de l'intérêt de l'héritier créancier et dans celle de la faute de l'héritier débiteur : c'est ce qui arrivera lorsque l'obligation *sub pœna* aura pour objet de faire un acte juridique qui, bien que divisible en principe, ne pourrait d'après les principes du droit, être accompli pour le tout (in solidum) ni par l'un des débiteurs ni pour l'un des créanciers. C'est ainsi que l'un des héritiers ne peut dans la stipulation «*ratam rem...*» ratifier pour le tout; n'ayant qu'un droit partiel il ne peut ratifier que pour sa part. Si l'obligation est inexécutée par un seul des héritiers du débiteur ou vis à vis d'un seul des héritiers du créancier, on dira que la condition n'est accomplie qu'à son égard et pour sa part; l'héritier sera donc seul tenu ou pourra seul agir.

On peut dire qu'il en est à cet égard comme de l'action de garantie en matière de vente; indivisible en tant qu'obligation, la garantie devient divisible lorsqu'elle prend la forme d'une action (parce qu'elle se résout en des dommages-intérêts) et si le vendeur évincé ou l'acheteur est mort laissant plusieurs héritiers, l'action de garantie naîtra divisée c'est-à-dire qu'il y aura autant d'actions que d'héritiers au profit desquels ou contre lesquels la garantie sera exercée.

Nous trouvons dans un commentateur du 17e siècle, Fernandez de Retez, la même idée énoncée pour expliquer la loi 4 § 1. D. 45 1 :

« Sed respondetur facta quæ incipiunt a negatione, veluti : « non ages, si egeris promittis pœnam », divisionem recipere in tantum ut propter heredum ersonas totidem obligationes censeantur » (l. 17. D. 46. 8.)

« Ideo quicumque implet, totam suam obligationem implet, et qui contravenit, pro sua tantum obligatione contravenit; quapropter pœna scinditur. »

« At obligatio dandi una est non plures quare ex parte creditoris nunquam potest dici impleta ubi minima partio deficit. »

CHAPITRE III.

UNE FOIS LA PEINE ENCOURUE, QUEL EST EXACTEMENT LE DROIT DU CRÉANCIER ?

Prenons toujours l'exemple de la loi 115 § 2 D. 45, 1 : *Pamphilum dari spondes ? Si non dederis centum spondes ?*

Supposons que le promettant n'a pas donné Pamphile aussitôt qu'il le pouvait. Nous savons que le créancier aura le droit d'exiger la peine par ce que la stipulation pœnæ est *commissa*.

Mais la première stipulation, de donner Pamphile, est

exigible aussi puisque le promettant est en demeure.

Voilà donc le créancier armé de deux actions *ex stipulatu,* l'une tendant à la dation de Pamphile, l'autre au paiement de la peine.

Trois questions se présentent à nous sur ce point :

1° Le créancier peut-il cumuler le bénéfice des deux actions et se faire donner à la fois l'esclave et la peine?

2° N'a-t-il que le droit de demander la peine ?

3° N'a-t-il droit qu'à l'une des deux choses à son choix ?

Sur ces trois questions il y a autant de systèmes que nous allons examiner :

§ 1er *Première question : Le créancier peut-il cumuler ?*

Commençons par dégager quelques points :

Le cumul est de règle toutes les fois que la chose promise est une somme d'argent et que la peine représente les intérêts (usuræ) de cette somme. Cette règle est toute naturelle ; elle s'impose par la force des choses aussi bien en droit romain qu'en droit français ; les intérêts n'étant que la compensation du retard apporté au paiement. En droit romain le taux de l'intérêt étant limité, par la loi, le débiteur était protégé contre les inconvénients qui auraient pu venir de cette adjonction de la dette des intérêts à celle du capital.

Tout cela résulte de la célèbre loi *lecta* 40 D. Reb. credit. 12, 1, et de la loi 90 D. 45. 1 : « Cum stipulati sumus pro usuris legitimis pœnam in singulos menses si sors soluta non sit, etiamsi sortis obligatio in judicium sit deducta, adhuc tamen pœna crescit quia verum est solutam pecuniam non esse. »

La loi 44 D. 22. 1 « pœnam pro usuris stipulari nemo supra modum usurarum licitum potest. »

D'autre part, et cela est bien évident, le cumul aura lieu toutes les fois qu'il aura été stipulé expressément, et même lorsque la volonté des parties, sans se manifester par une déclaration expresse, résultera des circonstances et de la nature de l'obligation garantie par la peine.

Si le montant de la peine est relativement modique, il est vraisemblable que le cumul a été voulu (comme dans le cas où la peine consistait dans les intérêts d'une somme d'argent.)

A ces exceptions près, qui se justifient d'elles-mêmes, nous poserons en principe : que le créancier n'a pas le droit de poursuivre à la fois l'exécution de l'obligation assurée par la stipulation pénale et le paiement de la peine.

Donnons d'abord quelques raisons : Si l'on recherche le but que les parties se sont proposé en ajoutant la clause pénale, nous savons qu'elles ont pu chercher par là :

Ou bien à activer la diligence du promettant, ou bien à fixer d'avance le montant de la condamnation que le créancier non satisfait est en droit d'obtenir.

Qu'on se place à l'un ou à l'autre de ces deux points de vue, le but est atteint sans que le cumul ait lieu.

Admettons même que l'intention des parties ne résulte pas clairement des termes de la stipulation pénale on sait qu'en pareil cas l'interprétation la plus favorable au promettant doit prévaloir : or le cumul est une aggravation de la peine,

Admettre le cumul serait consacrer un résultat inique comme le dit la loi 4.§ 7 D. 44.4 : « *Iniquum enim esse et hominem possidere et pœnam exigere* ; » ce qui est dû réellement au créancier, c'est l'objet de la première obligation ; du moment que cet objet est obtenu, l'utilité de la garantie disparaît, et le créancier en demandant par supplément la peine obtiendrait plus que ce qui lui est dû : Il en serait comme du créancier hypothécaire, qui demanderait à la fois l'objet de sa créance, et la propriété de l'immeuble hypothéqué à la dette.

Enfin la stipulation pénale étant, avant tout, une obligation conditionnelle, on ne peut dire que la condition sous laquelle la *pœna* est promise sera accomplie lorsque le créancier aura obtenu, à quelque époque que ce soit, l'objet de l'obligation précédente.

Voyons maintenant les textes.

Nous rencontrons dès l'abord trois lois très claires et qui tranchent la question dans le sens de notre opinion.

Ulpien. Loi 10 § 1 D. 2. 14. « Si pacto subjecta sit pœnæ stipulatio, quæritur utrum pacti exceptio locum habeat, an ex stipulatu actio ? Sabinus putat, quod est verius, *utraque via uti posse, prout elegerit qui stipulatus est;* si tamen ex causa pacti exceptione utatur æquum erit accepto eum stipulationem ferre. »

Paul. Loi 12 § 2 D. 23. 4 : « Si mulier pacta sit, ne amplius quam pars dimidia dotis a se petatur et pœnam stipulata sit : Mela ait, *alterutro eam contentam esse oportere* ; vel exceptione pacti et acceptam facere pœnæ obligationem, vel si ex stipulatu agat denegandam ei exceptionem. »

Ulpien. Loi 4,§ 7 D.44.4.« Labeo ait: si de homine petito secundum actorem fuerit judicatum et jussu judicis satisdatum sit : hominum intra certum diem tradi, et si traditus non fuisset pœnamque stipulatus sit : petitorem qui *et hominem vindicat et pœnam petit exceptione esse repellendum*; iniquum enim esse et hominem possidere et pœnam exigere.»

Les lois 41 et 42 D. 17,2. et la loi 28 D. 19. 1, que nous examinerons plus loin, supposent également le même principe.

Enfin la loi 115 § 2 fournit un argument *a contrario* : puisqu'il faut une convention spéciale pour que le créancier puisse demander à la fois et l'esclave et la peine « cum id actum probatur ut si homo datus non fuerit et homo et pecunia debeatur, » c'est que ce résultat n'est pas de droit.

Question sur la transaction : Nous arrivons à des textes très-importants, quelques-uns provenant du Code et dont la rédaction embarrassée a fait naître des difficultés sérieuses.

Ces textes sont relatifs à la matière spéciale de la transaction (comme les lois 10 § 1 D. 2. 14, et la loi 12 § 2 D. 23. 4). On y traite des effets de la stipulation pénale intervenue d'habitude comme sanction après une transaction.

A propos de ces textes deux opinions se sont produites : une première, qui consiste à dire : que les textes reconnaissent formellement au créancier le droit de cumuler le bénéfice de la transaction et le paiement de la peine, parce que la transaction suit des règles particulières et exceptionnelles.

Une seconde opinion, peu répandue, tire argument de ce que la première opinion fait dire aux textes pour en conclure que le cumul est de droit commun et que la transaction suit les règles de droit commun en ce qui concerne la stipulation pénale.

Ce raisonnement n'est pas admissible : on ne saurait légitimement conclure du particulier au général.

Nous n'avons donc en somme qu'à résoudre la première question :

Le stipulant peut-il, lorsqu'une stipulation pénale vient assurer l'exécution de pacte de transaction, demander le paiement de la *pœna*, et opposer à la fois l'exception de pacte pour obtenir indirectement l'exécution du pacte?

Cette question est très-controversée parmi les interprêtes du droit romain ; elle l'est encore en droit français.

Si nous démontrons que, en matière de transaction, comme en toute autre, le créancier de la stipulation pénale n'a droit qu'à choisir entre l'exécution de l'obligation et le paiement de la peine ; nous aurons affermi notre proposition première que le cumul est exceptionnel et que le droit commun est le choix du créancier.

Commencons par quelques détails sur la transaction suivie de stipulation pénale :

Supposons deux personnes sur le point d'entrer en procès : elles s'entendent pour l'éviter et font une transaction qui consiste dans un engagement nouveau que prendra le défendeur vis à vis du demandeur.

Deux hypothèses peuvent se présenter :

(*a*) Les circonstances peuvent être telles que le demandeur originaire, confiant dans la promesse du défendeur ou dans les garanties qu'il lui donne, fasse l'abandon complet de son droit litigieux ; celui qu'il allait déduire en justice lorsque la transaction est intervenue. Voici comment on procédera : le demandeur, créancier prétendu, fera au défendeur acceptilation de son droit, et cela directement s'il est né d'une stipulation, indirectement, par l'intermédiaire d'une stipulation Aquilienne, dans le cas contraire.

Alors s'il intervient une stipulation pénale, elle aura pour but de garantir l'obligation nouvelle.

Cette hypothèse sur laquelle nous reviendrons en terminant ce que nous avons à dire sur cette matière, ne nous intéresse pas, elle est régie par les principes généraux.

(*b*) Il peut arriver que le demandeur, tout en acceptant de transiger, tienne, par des motifs quelconques, à conserver son action primitive.

Il se contentera alors de consentir au défendeur un simple pacte de remise (*pactum de non petendo*) et d'autre part, pour donner sécurité au défendeur, il lui promettra une peine *si placito non stetisset*, c'est-à-dire si contrairement au pacte il reprend son action, laquelle subsiste *ipso jure*.

La peine sera encourue si le demandeur a repris son action alors qu'il avait déjà obtenu l'exécution de l'obligation du défendeur.

Et il ne suffira pas d'un commencement d'action qui est une menace, il faudra que la *litis contestatio* soit engagée (l. 15, D. 46, 8).

Supposons que nous en sommes à ce point : quels droits aura le défendeur, c'est-à-dire le créancier de la stipulation pénale ?

Pourra-t-il repousser l'action du défendeur par l'exception *pacti conventi* et en même témps demander et obtenir la peine ?

N'aura-t-il que le choix entre l'emploi de l'un ou de l'autre de ces moyens ?

Dans l'opinion que nous combattons, et qui conclut au cumul en cas de transaction, on raisonne ainsi :

Quelle a été l'intention des parties en ajoutant une stipulation pénale à une transaction ? ont-elles voulu fixer dans la peine, comme cela a lieu d'habitude, l'indemnité due à la partie qui souffrirait de l'inexécution de la transaction ? nullement.

Elles ont voulu assurer leur tranquillité.

En d'autres termes, quand une peine est stipulée après une transaction, elle prend un caractère spécial; il faut la considérer, sauf preuve du contraire, comme la réparation due au défendeur, sans préjudice du maintien du pacte qui reste assuré (*parta securitate*, dit la loi 17, C. *de trans.*), pour le seul trouble, le seul ennui qu'a pu lui causer, même sans préjudice réel, la reprise de l'action qu'il avait voulu éteindre.

On invoque surtout deux textes : c'est d'abord une constitution de Gratien, Valentinien et Théodore qui est la loi 40 au Code 2, 4 :

« Ubi pactum vel transactio scripta est, atque Aquilianæ stipulationis et acceptilationis vinculis firmitas juris innexa est; aut subsecutis secundum leges accommodandus est consensus ; *aut pœna una cum his quæ data probantur, ante cognitionem causæ (si adversarius hoc maluerit) inferenda est.* »

Rien, dit-on, dans le texte, dont on détache la dernière phrase, n'indique ou ne fait présumer que les parties aient introduit une stipulation expresse relativement au cumul, et cependant les empereurs décident formellement qu'il a lieu : il est donc de droit en matière de transaction.

C'est ensuite et surtout un texte de Scævola.

La loi 122, § 6, D. 45, 1 : « Duo fratres hereditatem inter se diviserunt et caverunt sibi : nihil se contra eam divisionem facturos ; et si contra quis fecisset pœnam alter alteri promisit : post mortem alterius qui supervixit, petit ab heredibus ejus hereditatem ; quasi ex causa fideicommissi sibi a patre relicti debitam. Et adversus eum pronuntiatum est quasi de hoc quoque transactum fuisset : quæsitum est an pœna commissa esset? *Respondit pœnam, secundum ea quæ proponuntur, commissam.*

Il est bien évident, dit-on, que dans l'espèce de cette loi celui qui obtient la peine, obtient en même temps le résultat de la transaction, l'extinction du procès ; puisque le jugement lui donne gain de cause dans l'instance indûment reprise.

Et Scævola admet qu'il doit en être ainsi de droit, car dans l'hypothèse qu'il propose il n'y a point entre les parties de convention spéciale portant que le cumul aura lieu.

Enfin nous verrons qu'on a cherché à faire ressortir de quelques textes des arguments favorables.

Nous allons donner les motifs qui nous font rejeter cette doctrine :

La controverse nous paraît d'autant moins possible en ce qui concerne la stipulation pénale adjointe à une transaction que les textes les plus formels existent dans ce cas.

La loi 10 § 1 D. 2. 14 d'Ulpien et la loi 12 § 2 D. 23. 4 de Paul, reproduite plus haut, supposent, la première très probablement, la seconde certainement, qu'il s'agit de transaction.

Ulpien confirme la décision de Sabinus : le stipulant a le choix entre l'exception de pacte et l'action *ex stipulatu* : s'il use de l'exception il renonce implicitement à la peine, à tel point qu'il doit en faire acceptilation.

Paul reproduit, pour l'approuver, la solution du jurisconsulte Mela : la partie qui a transigé, si le demandeur contrevient au pacte, n'aura le droit que de choisir entre l'exception et l'action ; si elle use de l'exception elle doit faire acceptilation de la peine ; si elle agit *ex stipulatu* l'exception doit lui être refusée.

Voilà donc deux textes qui en valent quatre, puisqu'ils sont signés chacun de deux jurisconsultes, et qui sont, dans le sens de notre opinion, aussi affirmativement que possible.

Ajoutons : Un rescrit de *Gordien*, *la loi* 14 *C*. 2. 3, qui suppose que deux stipulations ont eu lieu ; l'une dans laquelle ce qui avait été l'objet du pacte a été stipulé, l'autre où une peine a été promise *si placito non steterit*. L'empereur décide que le stipulant pourra agir *ex stipulatu*, « vel id, quod in conventionem devenerat, ut fiat, consequeres, *vel* pœnam stipulatione comprehensam more judiciorum exiges. »

Pour nous, sans aucun doute, le principe est là. Non seulement la transaction ne suit pas de règles à part quant aux droits que la stipulation pénale y confère au créancier, mais c'est à propos de la transaction que les jurisconsultes romains paraissent avoir posé la règle de la manière la plus expresse.

Il nous faut aborder maintenant une série de textes moins clairs dont on s'est servi dans l'opinion adverse ; bien qu'ils viennent certainement confirmer notre doctrine, comme les exceptions confirment la règle.

La loi 16, D., 2, 15, d'Hermogénien, est ainsi conçue :

« Qui fidem licitæ transactionis rupit, non exceptione tantum summovebitur, sed et pœnam quam « *si contra placitum fecerit*, *rato manente pacto* » stipulanti recte promiserat, præstare cogetur. »

En rattachant les mots « rato manente pacto » à la décision du jurisconsulte, on a essayé de prétendre que ce texte reconnaissait au défendeur poursuivi, à l'encontre de la transaction, le droit d'opposer l'exception de pacte, en maintenant l'effet de la transaction, et de poursuivre à la fois le paiement de la peine.

C'est faire violence au texte. Si le jurisconsulte reconnaît ici que le cumul existe, c'est que, dans l'espèce, les parties contractantes l'avaient ainsi voulu : les mots « rato manente pacto » font partie des *verba* de la stipulation.

Nous dirons la même chose à peu près de la loi 17, au Code, 2, 4, rescrit de Dioclétien et Maximien :

« Cum proponas ab ea, contra quam supplicas, litem quam tecum habuit, transactione decisam : eamque acceptis his, quæ negocii dirimendi causa placuerat dari, nunc de conventione resiluisse : ac petas vel pacto stari, vel data restitui : *perspicis si quidem de his reddendis, manente transactionis placito, statim stipulatione, si contra fecerit, prospexisti*, et viginti quinque annis major fuerit, *quod exceptionem pacti et actionem datorum habeas, quod si nihil tale convenit, exceptio tibi, non etiam eorum quæ dedisti, repetitio competit, parta securitate.* »

Ici, la peine consiste dans la restitution des choses données par le défendeur pour transiger : il faudra examiner, disent les empereurs, si, dans la stipulation, on est convenu du cumul, c'est-à-dire si on a dit qu'en cas de contravention au pacte, la restitution des choses données aurait lieu, sans préjudice du maintien du pacte; dans ce cas, et en conformité de la décision donnée dans la loi précédemment citée, le défendeur pourra tout à la fois user de l'exception de pacte et demander la peine, c'est-à-dire exercer la répétition des choses données (*actionem datorum*).

Les derniers mots du Rescrit sont décisifs dans le sens de notre opinion.

En l'absence d'une pareille convention, c'est-à-dire, si, dans la stipulation, on n'est pas convenu que la peine serait due, la restitution serait faite *manente transactionis placito*, le défendeur, s'il a usé de l'exception de pacte qui lui suffira pour se mettre en sûreté, n'aura plus le droit de répéter ce qu'il avait donné. Dans le système de nos adversaires, on interprète ainsi la fin de ce texte : « si l'on n'a pas fait une semblable convention, c'est-à-dire si l'on n'a pas ajouté de clause pénale à la transaction, etc., etc. ; » et la preuve, dit-on, qu'il faut traduire ainsi, c'est que le texte ne reconnaît au défendeur que le droit d'opposer l'exception; s'il n'était question que d'une différence dans les termes de la stipulation pénale, on aurait parlé aussi du droit à la peine.

Nous croyons que cette traduction du texte ne ressort pas naturellement : il aurait été par trop inutile de dire que, si on n'avait pas stipulé de peine, on n'aurait que l'exception de pacte.

Nous ne ferons qu'énoncer une loi 37, au Code 2, 4, ainsi conçue :

« Promissis transactionis causa non impletis, pœnam in stipulationem deductam, si contra factum fuerit, exigi posse constat. »

Cette loi laisse intacte la question qui nous occupe,

car elle ne dit pas si, en même temps qu'elle a le droit de se faire payer la peine, la partie peut faire maintenir la transaction.

Nous arrivons à un texte plus embarrassant, le seul, à vrai dire, sur lequel on puisse fonder sérieusement l'opinion inverse.

C'est la loi 122, § 6, D., 45, 1, de Scævola, énoncée plus haut. L'espèce qu'elle pose est la suivante :

Deux frères, institués héritiers par leur père, sont grevés par lui de fidéicommis réciproque au profit du survivant (1).

Ils transigent sur le fidéicommis, c'est-à-dire qu'ils conviennent de ne pas se prévaloir de cette disposition; puis, comme si elle n'avait jamais existé, ils se partagent les biens du défunt.

Alors intervient une stipulation pénale ajoutée, non pas précisément à la transaction sur le *fidéicommis* mais au partage de fait qui l'a suivi.

Chacun stipule de l'autre ces termes :

Nihil te contra eam divisionem facturum, spondes ? Si contra... feceris centum spondes ?

Puis un des deux frères meurt et le survivant réclame aux héritiers de l'autre toute l'hérédité comme si elle lui avait été laissée par son père à titre de *fideicommis*.

Il perd son procès; le juge reconnaissant qu'il y a eu transaction.

(1) Probablement au cas où le prémourant serait mort sans enfants, comme l'observe Godefroy dans ses notes sur cette loi.

Dans cet état le jurisconsulte demande si la peine est *commissa*, et il répond affirmativement *pœnam, secundum ea quæ proponuntur, commissam.*

Ce texte est il vraiment contraire à la doctrine que nous adoptons, y a-t-il *antinomie* entre la loi 10, § 1 de pact. et la loi 122, § 6 de verb. obligat ?

Nous ne le pensons pas.

Pothier a concilié ces deux textes d'une manière peut être un peu subtile mais qui nous paraît cependant acceptable. Il est à remarquer qu'il ne reproduit pas dans tous ses détails l'hypothèse de *Scævola* : il ne fait pas mention du *fidéicommis*. Il ne trouve pas que la loi 122, § 6, soit contraire à la loi 10 § 1, *de pactis*, suivant lui, dans l'espèce de *Scævola*, il n'y a pas à proprement parler de cumul.

La peine n'est pas ici l'équivalent de l'inexécution du pacte portant transaction sur le *fidéicommis* ; mais seulement le dédommagement des embarras, et des inquiétudes qu'a éprouvés la partie attaquée.

Voici comment s'exprime Pothier (n° 340 oblig.) « En stipulant de vous sur une certaine peine que vous » ne reviendriez pas contre l'acte, ce que j'ai en- « tendu n'était pas précisément que vous ne porteriez « aucune atteinte à cet acte, lequel étant valable « par lui-même, n'en était pas susceptible, quand « même je ne l'aurais pas stipulé; *ce que j'ai entendu sti-* « *puler de vous était plutôt que vous ne me feriez pas de* « *procès*. Il suffit donc que vous m'ayez fait un procès « quoique vous y ayez succombé, pour qu'il y ait ou- « verture à la peine. On ne peut pas dire en ce cas que

« dans cette espèce je me fais payer tout à la fois de « l'obligation principale et de la peine; car l'obligation « principale que vous avez contractée envers moi de « ne pas revenir contre l'acte et à laquelle l'obligation « pénale était attachée avait pour objet que vous ne « me feriez pas de procès. Je n'ai pas été satisfait, « puisque vous m'en avez fait essuyer un, je puis donc « exiger la peine. »

Pour nous le raisonnement de Pothier peut s'appliquer à l'hypothèse telle qu'elle est posée par *Scævola*. Il ne s'agit pas en effet dans la loi 122, § 6, comme dans la loi 16 d'Hermogénien, d'une stipulation pénale intervenue pour garantir la promesse d'exécuter la transaction : *Si placito non steteris centum spondes*? Ici la partie a promis de ne rien faire contre le partage, *nihil se contra divisionem facturum* ; l'engagement pris dans ces termes est beaucoup plus général, plus large que le précédent. On comprend donc que le jurisconsulte, en tenant compte des circonstances de l'espèce proposée « *Secundum ea quæ proponuntur* », admette que la peine soit due : car après un procès, même sans résultat, on ne peut dire que celui qui a promis la peine ne l'ait pas encourue, qu'il n'ait *rien* fait contre le partage opéré.

On a donné dans notre opinion une autre explication de la loi 122, § 6 : on a dit avec Cujas et Donneau sur les lois 122, §6, D. 45, 1, et 10, § 1 *de pactis*, que sans doute, la décision de Scævola était formulée en droit pur, et que le Jurisconsulte faisait abstraction de l'exception de dol par laquelle le promettant pourrait écarter la demande de la peine.

Nous avons vu les mêmes interprètes invoquer un argument semblable à propos de la loi 113, D. 45, 1.

Bien que ce moyen de faire cadrer le texte avec notre doctrine nous paraisse un peu arbitraire; nous croyons, qu'il est justifié par les expressions dont se sert le Jurisconsulte; il ne dit pas, en effet, que la peine est due (*præstari, exigi debet*) comme nous le trouvons dans d'autres textes, il dit seulement qu'elle est *commissa.*

Quelques auteurs se tirent d'embarras en sous entendant, dans la loi 122, § 6, la clause *rato manente pacto*; mais rien n'autorise à croire que l'auteur de la loi ait omis, dans son exposé de l'espèce un détail aussi important.

En résumé, nous pensons que la loi 122, § 6, seule objection sérieuse qu'on puisse trouver dans les textes contre notre doctrine, n'est point en contradiction avec toutes les autres lois que nous avons vues, tant au Digeste qu'au Code, consacrer le principe du choix par le créancier entre l'exception de pacte et la peine.

Si nous admettons l'argumentation de Pothier, nous en restreindrons la portée à l'espèce même de la loi 122, § 6; et nous nous garderons bien d'étendre et de généraliser ce raisonnement dans tous les cas où une stipulation pénale est adjointe à une transaction, comme on le fait dans l'opinion contraire à la nôtre.

En somme quand la stipulation pénale garantira une obligation *de ne pas faire*, il faudra s'attacher à l'intention des parties pour savoir si le stipulant aura le droit de cumuler le bénéfice des deux obligations; la plupart du temps le cumul aura lieu parce que la peine représentera, dans l'esprit des parties, l'indemnité résultaut du fait même de la contravention et non pas de son résultat, (c'est ce qui aura lieu dans l'espèce de la loi 122, § 6, et ce qu'on peut induire également de la loi 133, au même titre *de verb. oblig.*).

S'il ne résulte de la contravention aucun préjudice pour celui qui avait stipulé la peine, cette peine ne sera pas due; car telle a dû être la volonté des contractants. C'est que ce Papinien décide dans la *loi* 6, *de servis exportandis* :

Si l'acheteur affranchit l'esclave qu'il s'était engagé en l'achetant à ne pas affranchir et ce sous une peine ; la peine n'est pas due si l'acte d'affranchissement se trouvait nul.

Nous avons supposé jusqu'ici que la transaction avait été réalisée par un simple pacte.

Il peut se faire aussi qu'elle ait eu lieu par acceptilation suivie d'une stipulation pénale.

Mais quel besoin peut-il y avoir de stipuler une peine, puisque le demandeur n'aura plus d'action, la sienne ayant dû être éteinte par l'acceptilation?

Nous voyons dans une constitution qui est la loi 40 au Cod. 2, 14 que, dans une certaine hypothèse, la stipulation de la peine peut présenter un intérêt.

Voici en effet ce que suppose cette loi :

« Ubi pactum vel transactio scripta est, atque Aquilianæ stipulationis et acceptilationis vinculis firmitas juris innexa est ; aut subsecutis secundum leges accommodandus est consensus, aut pœna una cum his quæ data probantur ante cognitionem causæ (si adversarius hoc maluerit) inferenda est. »

Une transaction a eu lieu, le droit litigieux a été nové par une stipulation Aquilienne et éteint par acceptilation. Mais cette acceptilation, bien que ne comportant pas de condition expresse, comme faisant partie d'un *actus legitimus*, a pu être affectée d'une condition tacite : on a pu convenir que l'acceptilation serait résolue, et que le demandeur pourrait reprendre son action, si d'un commun accord, les deux parties, l'une en payant une peine, l'autre en reprenant ce qu'elle a donné pour l'abandon du droit litigieux, se replaçaient dans la situation où elles se trouvaient avant la transaction.

Nous ne voyons pas comment on a pu argumenter des derniers mots de cette loi dans l'opinion que nous combattons, et prétendre qu'ils consacraient le droit au cumul en matière de transaction.

Il ne s'agit ici que d'une convention et d'un résultat voulu par les parties, résultat qui ne préjuge en rien la question qui nous occupe.

Nous trouvons dans la loi 43, D. 23, 3, un exemple d'acceptilation résolue par une pareille condition tacite.

C'est sans doute à un cas semblable que Paul fait allusion dans la loi 15 *de Transaction*, au Digeste, (Sentences de Paul, liv. 1er, § 3), quand il dit qu'il est prudent de joindre une stipulation pénale, même après une acceptilation.

« Pacto convento Aquiliana quidem stipulatio subjici solet : sed consultius est huic quoque stipulationem subjungere : *quia rescisso forte pacto* (et dans le texte des Sentences : *Rescisso quoquo modo pacto*, pœna ex stipulatu repeti potest. »

Ainsi donc, en résumé, nous croyons que si une stipulation pénale est venue garantir l'exécution d'un pacte de transaction, sans que rien ait été dit expressément ou évidemment sous entendu au sujet du cumul, la partie qui souffrira de l'inexécution de la transaction pourra à son choix ou maintenir le pacte ou demander la peine.

Si elle se contente de la peine; cela équivaudra à la résolution de la convention (*mutuo dissensu*) car le demandeur en intentant son action, le défendeur en n'opposant pas l'exception de pacte, ont montré que pour eux la transaction était non avenue.

Si la partie opte pour l'exception de pacte, il semble qu'alors la stipulation pénale aura été inutile, puisque le défendeur par un simple pacte aurait obtenu l'exception qui lui suffisait pour repousser l'action du demandeur.

Mais il est bon de considérer que la stipulation pénale, même dans ce cas, présente une utilité pour le défendeur : d'abord, elle lui donne l'avantage du choix; ensuite, il a pu arriver, *quoquo modo*, que le pacte fût *résolu*, *illicite* (loi 16, Dig., D. 2, 15, transaction). Alors l'exception aurait fait défaut et la peine subsistera, C'est ce qu'on peut conclure par analogie du texte de Paul (Sentences, tit. 1, § 3) cité précédemment qui ne vise pas précisément notre hypothèse, mais peut s'y rattacher.

Ce qui a pu faire prendre, en matière de stipulation

pénale adjointe à une transaction, l'exception pour la règle, c'est qu'à cause de la nature même de la transaction, le défendeur voudra le plus souvent, tout en se mettant à l'abri de l'action du demandeur, s'éviter même les ennuis et le trouble que pourrait lui occasionner la reprise d'un procès. Pour cela, il se réservera expressément ou non le droit d'exiger la peine, tout en obtenant congé de la demande de son adversaire.

Quelque fréquente que puisse être cette convention, elle n'en est pas moins, selon nous, une dérogation au principe.

§ 2. 2e *question : Le créancier n'a-t-il que le droit de demander la peine?*

Au premier abord on ne comprend même pas que cette question puisse se poser. Il est évident que la *stipulatio pœnæ* n'a pas été inventée pour éteindre mais pour fortifier l'obligation qui la précède. C'est aller contre les termes et l'esprit de la stipulation pénale que que de lui faire absorber la première obligation à tel point que le créancier ait droit seulement à la peine. Sans doute ce résultat pourra se produire, mais dans des cas exceptionnels.

a. De même, en effet, que les parties peuvent convenir du cumul, ce que nous avons vu être une dérogation anx principes, elles peuvent, par une dérogation inverse, convenir que la peine seule sera due.

Mais alors il ne s'agira plus d'une peine, d'une garantie, d'une stipulation pénale proprement dite, mais d'un dédit, d'une stipulation facultative.

Il en sera alors comme si on avait dit : « Pamphilum dare spondes? Si Pamphilum dare non volueris centum spondes? »

C'est ce que nous trouvons dans la loi 115, § 2, D. 45, 1, *in fine* où on est convenu que : *sola pecunia non soluto homine debetur.*

b. Il pourra résulter aussi de la force même des choses que la peine seule soit due : Exemple :

Lorsque la première obligation consistera dans une promesse ou une stipulation pour autrui, dont on ne peut exiger l'accomplissement en justice.

Ou lorsque la première obligation sera *de ne pas faire* et que la contravention à la promesse de ne pas faire aura produit un résultat définitif irréparable, car il ne restera dans ce cas d'autre ressource au créancier que de demander la peine (c'est ce que nous avons dit au paragraphe précédent sur la loi 122, § 6, D. 45, 1.)

Il serait bien impossible de généraliser ces cas qui ne sont évidemment que des exceptions, et de dire que l'effet ordinaire et naturel de la stipulation pénale était de ne donner au créancier que le droit de demander la peine.

La vérité est, comme nous l'avons déjà dit (§ 1, sect. 3), qu'il dépendra, en général, du créancier de choisir l'une ou l'autre voie (loi 10, § 1, D., 2, 14). En effet, les deux stipulations coexistent (loi 1, § 7, D., 45, 1. — Loi 115, § 2, D., 45, 1).

Comment peut-on supposer, par cela seulement, qu'après la stipulation : *Pamphilum dari spondes?* on a ajouté une autre stipulation : *si Pamphilum non dederis centum spondes?* qu'on a voulu éteindre l'obligation de donner Pamphile, en ne laissant au créancier que le droit d'exiger l'équivalent de la chose promise.

C'est le contraire qui est vrai ; la chose sur laquelle a dû compter le créancier et qu'il doit demander, c'est la chose promise : Pamphile, celle à laquelle il tenait si bien qu'il a pris toutes précautions pour s'en assurer l'obtention.

Quelques textes du Digeste indiquent cependant que la question de notre § 2 s'était posée entre les jurisconsultes romains, et que des doutes s'étaient élevés sur la solution qui nous paraît aussi simple. Nous voyons employer à cet égard des expressions réellement embarrassantes ; on parle de novation, d'extinction, de *translatio, transfusio.*

Trois textes, un relatif aux stipulations, deux relatifs aux dispositions testamentaires, tous les trois de Paul, sont intéressants à connaître.

Le premier, et le plus important, est la loi 44, § 6, D., 44, 7, que nous déjà cité dans l'analyse de la stipalation pénale. Il s'exprime ainsi :

« Sed si navem fieri stipulatus sum, et si non feceris, centum, videndum utrum duæ stipulationes sint pura et conditionalis, et existens sequentis conditio non tollat priorem ; an vero transferat in se, et *quasi novatio prioris fiat quod magis verum est.* »

Les deux autres sont :

La loi 1, § 8, D., 35, 2 :

« Si ita legatum sit « heres meus Seio penum dato, si non dederit decem dato » quidam putant omnimodo in legato decem esse. Ego autem didici, si in continenti heres penum solverit, videri hoc legatum esse... quod si jam mora facta solverit heres penum, tunc nec legatum eum accepisse.... *jam enim transfusum legatum esse et decem deberi.* Idemque erit ac si ab initio ita legatum datum sit : « Si penum non dederit decem dato. »

La loi 24, D., 36, 2 :

« Si penum heres dare damnatus sit vel fundum, et si non dedisset decem; ego accepi et penum legatam et *translatam esse in decem* si noluerit penum heres dare. »

Occupons-nous de la loi 44, § 6, D., 44, 7, qui s'applique à notre matière directement.

On comprend qu'il ne puisse être question d'une véritable novation; les raisons juridiques sont nombreuses.

Et d'abord, bien que, dans l'ancien droit, la novation fût quelque chose de fatal, pour ainsi dire, il faut reconnaître que, de bonne heure et bien avant Justinien, la volonté des parties a été exigée pour que la novation eût lieu. C'est ce qui résulte des deux textes d'Ulpien.

La loi 2, *de novat.*, D., 46, 2 : Dummodo sciamus novationem ita demum fieri, si hoc agatur ut novetur obligatio; cæterum si *non hoc agatur*, duæ erunt obligationes.

Et la loi 3, D., 45, 2 : In duobus reis promittendis frustra timetur novatio... cum *hoc actum* inter eos sit ut duo rei constituantur, neque ulla novatio fiet.

En second lieu, pour qu'il y ait novation, il faut que la première obligation ait précédé d'un certain temps la seconde qui vient l'éteindre ; ici, au contraire, les deux obligations ont pris existence au même moment ; à peine peut-on dire que la première ait préexisté un instant de raison.

En outre il est de principe qu'en droit romain la novation n'a pas lieu par changement d'objet : nous savons que Papinien paraît avoir admis la possibilité de nover en stipulant la valeur de la chose, mais c'est une opinion nouvelle et personnelle. Le contraire était si bien reconnu que l'on n'admettait pas la novation dans le cas où la chose due avait péri *post moram* ou *facto debitoris*, parce que, disait-on, on ne pouvait alors stipuler ni la chose due qui n'existe plus, ni une somme d'argent qui ne serait pas la chose due.

Paul, qui admettait cependant la novation en pareil cas, pourvu que la volonté des parties fût telle *si hoc actum inter partes sit*, semble indiquer que son opinion innovait au droit commun (l. 91, § 6, D. 45.1.)

La loi 29 D. 45.1 d'Ulpien est conçue dans le même sens : « secundum quod evenit, ut mixta una summa vel specie *quæ non fui in præcedenti stipulatione non fiat novatio sed efficit duas esse stipulationes.* »

Que veut donc dire Paul en parlant d'une *quasi novatio* ?

Remarquons tout d'abord que sa décision s'applique

à une espèce particulière : Il s'agit d'une stipulation pénale adjointe à une stipulation *de faire* : *navem fieri.*

Partant de là, on peut donner de la loi 44, § 6, une explication qui lui enlève toute autorité contre l'opinion que nous avons soutenue jusqu'ici sur les droits du créancier d'une obligation sub pœna.

Peut-être Paul veut-il dire tout simplement, que le créancier, en choisissant l'action *ex stipulatu* que lui procurera le paiement de la peine, éteint implicitement l'action en exécution de l'obligation précédente, comme s'il avait opéré une novation? Alors Paul ne fait que confirmer, en des termes peu exacts et équivoques, ce que nous avons toujours dit.

Peut-être le texte ne fait-il qu'une allusion à l'effet extinctif de la litis contestatio, effet que nous savons, on a l'habitude de comparer à une novation?

Enfin, et nous insisterons sur cette argumentation qui nous paraît plus exacte, on peut soutenir que le jurisconsulte est dominé dans l'espèce par cette idée qu'il s'agit d'une obligation de faire qui se transforme nécessairement, (nemo precise cogi potest at factum), en une obligation de payer une somme d'argent.

Dans l'hypothèse proposée « *navem fieri spondes? si non feceris centum spondes?* » il y aurait quelque chose comme une novation conditionnelle, éventuelle.

Les parties ont voulu que, si le débiteur ne s'acquittait pas de son obligation de faire à laquelle il ne peut être contraint, il devînt aussitôt tenu de la seule obligation de payer la peine. Il aura toutefois la faculté d'exécuter le factum jusqu'à la *litis contestatio.*

La loi de Paul ne ferait donc que confirmer ce que nous avons dit précédemment et ce qui ne tire pas à conséquence : à savoir que les parties peuvent donner à la peine le caractère d'un *dédit*. La nature de la première obligation, qui consiste à faire, suffit ici pour indiquer la volonté des parties contractantes : on dirait la même chose dans le cas où il s'agirait d'une obligation *de ne pas faire*.

Nous ne trouvons nulle part une solution pareille à celle de Paul à propos d'une stipulation pénale adjointe à une obligation *de donner*. La loi 115, § 2, D. 45. 1. dit formellement au contraire que, pour que la peine soit seule due, il faut l'intention expresse des parties manifestée dans la stipulation.

Quant aux textes relatifs aux legs, nous ne croyons pas, comme nous l'avons déjà dit à la fin de la section II, que ces décisions, en matière de legs d'aliments, puissent être transportées dans l'étude des stipulations et nous croyons qu'elles doivent être encore moins généralisées.

Quoi qu'il en soit nous n'admettrons jamais que quelques textes isolés, représentant une opinion individuelle, démentis par tant d'autres textes que nous avons vus au § 1er, contraires manifestement aux principes, à la volonté des parties, à la raison, à l'équité, visant des hypothèses spéciales dans lesquelles on peut leur donner un sens sans nuire à notre opinion ; conçus au reste dans une forme *dubitative*, puissent servir de fondement à un système général consistant à dire : que le créancier d'une dette garantie par une peine n'a jamais le droit que de demander la peine, une fois la stipulation pœnæ *commissa*.

Si ce résultat se produit en fait c'est qu'il ressortira exceptionnellement de la volonté expresse ou sous entendue des parties.

C'est ainsi que la loi 122 § 2, D. 45. 1, décide, conformément au principe, que la stipulation pénale ne porte aucune atteinte à la stipulation précédente.

Dans l'hypothèse de cette loi, Flavius Hermès a donné à Claudius un esclave pour l'affranchir, et il a stipulé de lui, à titre de peine, une somme d'argent pour le cas où il ne l'affranchirait pas. Le jurisconsulte Sævola se demande si Flavius peut agir pour l'affranchissement et répond que rien ne s'y oppose « Respondit nihil proponi cur non potest » donc la peine seule n'est pas due. Il s'agit cependant ici d'une stipulation de faire ; mais Scævola donne une décision contraire à celle de Paul. Il est évidemment, pour nous, dans les principes.

Nous dirons la même chose de la loi 71 pr. D. 17. 2, de Paul très intéressante, et que nous avons déja citée :

Deux grammairiens forment entre eux une société ; ils conviennent de ce qu'ils feront et règlent tout ce qu'ils mettront en commun ; puis ils stipulent chacun l'un de l'autre dans ces termes : « hæc quæ supra scripta sunt ea ita dari, fieri neque adversus ea fieri : si ea ita data facta non erunt, tum viginti millia dari » Et le jurisconsulte Paul se demande : « an si quid contra factum esset societatis actione agi posset ? »

Sa réponse est remarquable : s'il résulte des termes

de la stipulation, que l'on a voulu nover les obligations résultant du pacte de société de telle sorte que « tota res in stipulationem translata videretur, » l'associé lesé ne pourra pas agir *pro socio*; mais il pourra dans l'espèce, dit Paul, agir par cette action « quoniam non ita essent stipulati ea ita dari, fieri spondes ? » ce qui aurait produit novation sed« si ea ita facta non essent decem dari » c'est-à-dire parce qu'au lieu d'une stipulation produisant novation, il a été fait une stipulation pénale (*duntaxat pœnam*) qui n'a pas produit novation.

Nous avons repoussé l'opinion qui généralise la solution de la loi 44, § 6, D. 44. 7. Nous n'admettrons pas davantage un système plus modéré qui consiste à restreindre la solution de cette loi au cas où la stipulation pénale est adjointe à un contrat *stricti juris*; alors, dit-on, la peine peut-être seule demandée.

Nous ne voyons aucune bonne raison pour admettre, même réduite à ces termes, la proposition que nous avons combattue jusqu'ici.

Doneau sur la loi 115, D. 45, 1, et Ant. Faber sur la loi 28, D. 19, 1, sont d'avis qu'il y a un intérêt à distinguer, au point de vue des droits du créancier, suivant que la stipulation pénale est jointe à un contrat de droit strict ou à un contrat de bonne foi.

Dans le premier cas, le créancier ne sera pas réduit à ne demander que la peine. Il aura le droit de demander la peine ou l'exécution de la stipulation faite *sub pœna*.

La seule conséquence de la distinction serait celle-ci : Si la stipulation pénale est précédée d'une autre stipulation, une fois que le créancier aura demandé l'une ou l'autre, à son choix, il aura épuisé son droit, tandis que si la stipulation pénale intervient après un contrat de bonne foi (*vente*, *société*), le créancier, tout en ayant le choix entre l'action de bonne foi, tendant à l'exécution du contrat, et l'action *ex stipulatu*, tendant à la peine, pourra (et ceci est remarquable) s'il a intenté l'action la moins avantageuse, revenir demander le surplus par l'autre action. C'est ce droit au surplus *In id quod pluris ejus interfuerit* qui constitue l'unique raison d'être de la distinction proposée par Doneau et Faber et acceptée depuis par certains autres. On s'appuie sur les lois 28 et 47, D. 19,1.

La loi 28 de Julien: « Prædia mihi vendidisti et convenit « *ut aliquid facerem, quod si non fecissem, pœnam promisi.* » Respondit : venditor antequam pœnam ex stipulatu petat, ex vendito agere potest : si consecutus fuerit quantum pœnæ nomine stipulatus esset, agentem ex stipulatu doli mali exceptione summovebit, si ex stipulatu pœnam consecutus fueris, ipso jure ex vendito agere non poteris : « *nisi in id quod pluris ejus interfuerit id fieri.* »

Et les lois 41 et 42, D. 17, 2, d'Ulpien :

L. 41 : « Si quis a socio pœnam stipulatus sit, pro socio non aget, si tantumdem in pœnam sit « *quantum ejus interfuit.* »

Loi 42 : « Quod si ex stipulatu eam consecutus sit, postea pro socio agendo, hoc minus accipiet pœna ei in sortem *imputata.* »

Joignez la loi 71 *in fine* du même titre *pro socio* .

Nous ne croyons même pas que cette distinction soit fondée; dans les deux cas nous croyons que le créancier pourra agir *in id quod plurisejus interfuerit.*

§ 3. — *Conclusion.*

En démontrant qu'en principe le créancier n'a pas le droit de poursuivre à la fois l'exécution de l'obligation et le paiement de la peine, et qu'il n'est pas non plus réduit à se contenter de la peine seule, nous avons prouvé par là même que le choix entre les deux voies d'action, voie directe tendant à la chose due, voie indirecte tendant au dédommagement promis, était la règle.

Cette décision, qui est celle de la plupart des textes examinés par nous à propos des deux questions précédentes, doit être appliquée aussi bien lorsque la stipulation pénale est adjointe à un pacte, à une transaction, que lorsqu'elle vient après un contrat, sans distinguer s'il s'agit d'un contrat de droit strict ou de bonne foi.

TRANSITION

En passant du droit romain, où nous venons de l'étudier, dans le droit français que nous allons aborder, la stipulation pénale a changé de nom : elle est devenue la *clause pénale*, mais aussi et surtout elle a changé de caractère. Elle se présente franchement à nous en droit français comme une convention accessoire et la peine n'est autre chose que la représentation des dommages-intérêts dus pour inexécution de l'obligation principale. Nous avons vu qu'en droit romain ces deux caractères n'apparaissent pas dans les textes comme dominant la stipulation pénale, au moins chez la plupart des jurisconsultes, et dans le premier état du droit.

Sans doute, bien avant Justinien, la stipulation pénale n'était plus absolument par certains jurisconsultes, Paul, Ulpien, Papinien surtout, traitée comme une stipulation conditionnelle ordinaire, régie par les seules règles des stipulations conditionnelles.

Elle avait pris déjà un peu du caractère qu'elle devait revêtir définitivement dans notre droit. Aux règles trop subtiles, aux résultats trop absolus, un peu injustes parfois, rigoureux toujours, qu'entraînait l'application des principes de la stipulation et de la condition, s'étaient substituées des appréciations plus larges, des solutions plus conformes au but et à l'intention des parties.

C'était le résultat de la lutte entreprise par les jurisconsultes contre les abus du formalisme de l'ancien droit et notamment contre la stipulation, cette forme raide et brutale de s'obliger pour laquelle les Romains montrèrent toujours une prédilection si marquée; on lui enlevait peu à peu et comme avec hésitation (les textes en font foi) tout ce qu'on pouvait en retrancher d'effets dangereux et excessifs sans cependant la détruire dans ses éléments essentiels.

La stipulation subsista en effet toujours avec sa forme distincte, son nom et sa classification de contrat de droit strict: nous le voyons par les Institutes.

On commença par rapprocher du contrat de bonne foi les stipulations prétoriennes; puis les stipulations d'une peine représentant les intérêts d'une somme d'argent; puis la stipulation ordinaire ajoutée à un contrat de bonne foi; enfin la stipulation pénale consistant dans l'ensemble de deux stipulations dont la seconde assurait l'exécution de la première par la promesse conditionnelle d'une peine.

Les lois 69, 115,4, § 1 au Dig. 45.1, la loi 18, § 1, Dig. 2.11, et tant d'autres, sont autant d'indices de cette marche progressive que nous observons dans le droit romain à propos de l'objet spécial de notre étude et qui fut générale dans toutes les parties du droit.

Avec le droit romain la stipulation disparut. Le mot resta dans notre droit français mais désormais sans portée précise et juridique.

Influencés par les idées d'un autre droit et d'une autre époque les grands jurisconsultes français, qui jetèrent les fondements de notre législation actuelle, cherchèrent dans l'étude du droit romain des lumières pour éclairer certains points difficiles et fixer dans des traités quelques théories. C'est ainsi que Dumoulin écrivit son fameux traité des obligations divisibles et indivisibles et son traité de *Eo quod Interest.*

Ce n'était pas pour lui-même, historiquement, que le droit romain était étudié dans ces ouvrages ; on ne voulait pas tant savoir ce qu'à Rome on avait pensé sur tel point que de chercher dans les textes des arguments pour la discussion moderne, des analyses, des distinctions ; enfin tous ces procédés si parfaits et si habiles que les Romains mirent au service de la science du droit.

Dumoulin, dans ses ouvrages, a souvent au point de vue romain commis des erreurs que Pothier a laissé passer et qui, formulées par ce dernier dans ce style qui est un modèle pour les législateurs, ont pris place dans notre Code et droit de cité dans notre législation.

La plupart du temps cette interprétation défectueuse des lois romaines à été l'expression d'un droit nouveau qui n'est que la continuation des progrès réalisés dans le dernier état du droit romain.

Souvent Dumoulin a fait dire aux textes beaucoup plus ou même tout autre chose que ce qu'ils voulaient dire ; mais si pour cette raison dans une étude romaine on ne peut consulter avec beaucoup de fruit les commentaires de Dumoulin et ceux de Pothier, il n'en reste pas moins acquis que ce raisonnement moderne, cette argumentation toujours guidée par le but pratique et par l'équité, constituent un immense progrès par les résultats satisfaisants qu'ils donnent.

Sans doute ce qui touche au fonds du droit, aux principes en matière d'obligations ; et en ce qui concerne notre travail ce, qui est relatif aux dommages-intérêts et à la clause pénale est immuable et de tous les temps, mais la réglementation de détail varie : les points de vue sont différents et de même que les mœurs et les besoins changent il faut aussi que la législation change avec eux.

Celle adoptée actuellement par notre Code dans les articles qui traitent de la clause pénale est en harmonie avec l'ensemble de notre droit ; la liberté des conventions, l'équité, la clarté ont gagné au changement.

On peut dire en revanche que la méthode, la simplicité, la science et surtout la force de sanction des droits du créancier y ont certainement perdu.

Aujourd'hui les questions de dommages intérêts, de clause pénale, ne sont à proprement parler que des questions de fait, de circonstances : interpréter la volonté des parties, s'en rapporter à l'appréciation du juge, voilà les solutions modernes, sensées, judicieuses, si l'on veut, mais dangereuses et susceptibles de faire naître plus d'abus et de causer plus d'injustices, sous l'apparence du respect de la liberté des conventions et sous prétexte de bonne foi, qu'il n'en résultait autrefois peut-être, dans l'ancien droit romain, avec les moyens de sanction inflexibles que la *stipulatio pœnæ* donnait au créancier pour assurer ses droits.

La sanction des obligations au moyen des dommages-intérêts conventionnels, et surtout au moyen des dommages et intérêts réglés par le juge, est un des points les plus faibles et les plus insuffisants du droit actuel. Presque jamais, en fait, un créancier n'obtiendra dans un procès qu'il lui soit alloué une indemnité en proportion avec tout le préjudice qu'une contestation injuste ou l'inexécution d'un contrat légalement formé lui aura occasionné.

On aura sans doute comme autrefois la ressource de la clause pénale ; mais cela n'armera plus le créancier d'un droit aussi énergique ; il n'y a plus chez nous d'action *stricti juris*, *de condictio certi*, de stipulation, *de sponsio tertiæ partis*.

La clause pénale est devenue un contrat accessoire ; sans doute elle restera une obligation conditionnelle par la force même des choses et nous verrons qu'à cause de cela le caractère de la clause pénale aura quelque chose de mixte (Ex. : art. 1231) ; mais, à l'inverse de ce qui avait lieu en droit romain où le caractère conditionnel dominait, le caractère d'une convention accessoire l'emporte en droit français et de beaucoup.

Sans doute il y aura des règles fixes comme celles

de l'art. 1152, plus absolues même que dans l'ancien droit romain et dans le droit coutumier, mais on aboutira à un résultat plus dangereux ; car, ne pouvant modérer la peine, le juge qui la trouvera excessive sera porté à dire qu'elle n'est pas encourue ; jugeant en fait, ce qu'il a droit de faire, il échappera à la cassation.

On attaquera la clause pénale dans tous les sens et tant de questions d'intention, de fait, d'appréciation, viendront à la traverse qu'un débiteur de mauvaise foi (et c'est contre ceux là surtout qu'on use de la clause pénale,) trouvera moyen dans les détours de la chicane d'échapper aux liens de la clause pénale, comme il aura su échapper à ceux de l'obligation principale.

DEUXIEME PARTIE

DROIT FRANÇAIS

DE LA CLAUSE PÉNALE

PRÉLIMINAIRES ET DIVISION DU SUJET.

Lorsqu'un débiteur n'exécute pas son obligation, le créancier peut exiger de lui des dommages et intérêts c'est-à-dire une indemnité qui représente et la perte qu'a éprouvée le créancier, par suite de l'inexécution de l'obligation, et le gain qu'il a manqué de faire.

L'art. 1149, qui n'est d'ailleurs que la reproduction d'un passage de Pothier (traité des obligations n° 159) nous indique très exactement de quoi se composent les dommages et intérêts : « *les dommages et intérêts dus* « *au créancier sont, en général, de la perte qu'il a faite et* « *du gain dont il a été privé.* »

Ce n'est pas seulement en cas de l'inexécution de l'obligation que le créancier peut avoir droit à des dommages intérêts : il arrive parfois en effet que l'obligation est exécutée tardivement : ce retard dans l'exécution peut avoir causé un préjudice au créancier : il faudra que le débiteur répare ce préjudice en payant des dommages et intérêts.

Dans le premier cas, on dit que les dommages et intérêts sont *compensatoires*; on dit au contraire qu'il sont *moratoires* lorsqu'ils représentent seulement le préjudice résultant d'une exécution tardive.

Le créancier d'ailleurs peut poursuivre l'exécution effective de l'obligation et n'est pas tenu de se contenter des dommages et intérêts, toutes les fois du moins que cette exécution effective peut être obtenue sans exercer de contrainte physique sur la personne du débiteur.

Les rédacteurs du Code civil ont consacré à cette importante matière des dommages et intérêts une section entière, la section IV du chapitre 3 du titre des obligations.

Deux questions principales y sont étudiées :

1° Quel est le montant des dommages et intérêts ?

2° Quand sont dus les dommages-intérêts ? La réponse à ces deux questions est singulièrement différente suivant qu'il s'agit d'obligations ayant pour objet une somme d'argent ou d'obligations ayant pour objet toute autre chose :

(*a*) L'obligation a-t-elle pour objet de l'argent ? Les dommages-intérêts consisteront dans la condamnation aux intérêts légaux et ils ne peuvent être dus que pour le retard dans l'exécution, comme la loi le fait elle-même remarquer dans l'art. 1153; car si le débiteur d'une somme d'argent ne la paie pas, c'est cette somme même que le créancier cherchera à obtenir : on ne conçoit pas deux espèces d'exécutions de l'obligation, une effective et une par équivalent; et si le créancier ne peut obtenir la somme qui lui est due, c'est que le débiteur sera insolvable : à quoi bon alors dire qu'il doit des dommages-intérêts?

Les intérêts légaux dans notre hypothèse commenceront à courir seulement à partir de la demande en justice.

(*b.*) Si nous supposons, au contraire, que l'obligation a pour objet autre chose qu'une somme d'argent, les dommages-intérêts seront plus ou moins élevés, suivant que l'inexécution ou le retard dans l'exécution de l'obligation proviennent ou non de la mauvaise foi du débiteur.

« Le débiteur, nous dit l'art. 1150, n'est tenu que « des dommages et intérêts qui ont été prévus ou « qu'on a pu prévoir lors du contrat, lorsque ce n'est « point par son dol que l'obligation n'est point exé« cutée. »

Que si le débiteur est de mauvaise foi il sera tenu même des dommages et intérêts qu'on a pu prévoir lors du contrat, sans toutefois qu'il puisse être responsable de ce qui n'est pas une suite immédiate et directe de l'inexécution de l'obligation (art. 1151).

Ces dommages et intérêts seront dus à partir de la demeure du débiteur, qui résultera ici d'une sommation ou d'un acte équivalent.

Il est facile de voir d'après ce qui précède combien l'évaluation des dommages et intérêts est incertaine quand il s'agit d'une obligation qui n'a pas pour objet une somme d'argent.

Quel est au juste le montant de la perte éprouvée par le créancier, du gain qu'il a manqué de faire?

C'est le juge qui devra le déterminer et son pouvoir sur ce point est nécessairement arbitraire.

Les parties ont un moyen d'éviter cette incertitude et de soustraire la détermination des dommages-intérêts à l'appréciation arbitraire du juge : le juge, en effet, n'est chargé d'évaluer les dommages-intérêts que quand les parties n'ont pas pris soin de faire elles-mêmes cette détermination.

On appelle *clause pénale* la convention par laquelle une personne s'engage à quelque chose pour le cas où elle n'exécuterait pas du tout ou exécuterait tardivement une obligation qu'elle a contractée. Car de même qu'il y a des dommages et intérêts *compensatoires* et des dommages et intérêts *moratoires* on peut concevoir que les parties aient déterminé, au moment même où elles contractaient, le montant de la somme qui serait due au créancier, soit pour le cas d'inexécution soit pour le cas d'exécution tardive de l'obligation.

La valeur que le débiteur s'engage à donner à titre de dommages intérêts s'appelle la *peine*.

Nous avons rejeté dans notre Etude sur le droit Romain cette dénomination de clause pénale employée cependant par certains interprètes et nous l'avons repoussée pour deux raisons : d'abord parce qu'elle n'est pas romaine; les Jurisconsultes Romains qui connaissaient cependant le mot *clausula* ne l'emploient jamais pour désigner la stipulation pénale ; puis parce que l'emploi du mot *clause*, qui signifie « disposition faisant partie d'un contrat » tendrait à faire croire que lorsqu'une peine a été stipulée il y a là une convention accessoire : or c'est une notion dont nous avons essayé de démontrer l'inexactitude en droit Romain.

Les rédacteurs du Code ont adopté l'expression de *clause pénale*. Ils ont traité de cette clause dans une section intitulée « Des obligations avec clauses pénales. » Ils lui ont donné, en croyant reproduire les règles du droit romain, un caractère tout différent de celui qu'avait la stipulation pénale à Rome.

Pothier appelait les obligations qui naissent de cette clause : *obligations pénales*.

Le Code intitule la section VI du chapitre IV : «Des obligations avec clauses pénales.» Mais peut-être aurait-on mieux fait de donner à cette section un autre titre ; car celui-là semblerait indiquer qu'on va s'occuper du contrat dont la clause pénale est l'accessoire : or on s'occupe, en réalité, de la clause pénale elle-même.

Nous avons déjà sommairement indiqué l'avantage que présente la clause pénale.

Elle soustrait l'évaluation des dommages-intérêts, en cas d'inexécution ou de retard dans l'exécution de l'obligation, à l'appréciation nécessairement arbitraire du juge. C'est surtout à la suite d'une obligation de faire qu'une pareille clause présentera de l'utilité : l'estimation d'un fait étant toujours très-incertaine.

C'est à propos de ces obligations de faire que les Institutes nous parlent de la stipulation pénale (Inst., liv. 3, tit. 15, § 7) : « In hujus modi stipulationibus optimum erit pœnam subjicere, ne quantitas stipulationis in incerto sit, ac necesse sit actori probare quid ejus intersit. »

Mais ce n'est pas là le seul but que peuvent se proposer les parties : la clause pénale peut servir non-seulement à évaluer conditionnellement les dommages-intérêts que pourra devoir le débiteur, mais encore à assurer l'exécution de l'obligation principale par l'exagération même de cette évaluation.

Il est clair en effet que, si l'exécution de la clause pénale est plus onéreuse pour le débiteur que celle de l'obligation principale, il aura tout intérêt à exécuter cette dernière.

C'est de la clause pénale que nous avons à nous occuper dans cette étude.

Nous diviserons nos développements en trois parties principales :

— Dans une première partie, nous déterminerons le caractère de la clause pénale.

Nous verrons quels sont les actes juridiques auxquels on peut ajouter cette clause.

— Dans une deuxième partie, nous étudierons les droits du créancier qui a stipulé une peine :

Peut-il demander le principal de la peine, ou ne peut-il demander que la peine? Quel peut être le montant de la peine?

— Dans une troisième partie, nous verrons à partir de quand la peine est due et comment elle est due.

PREMIÈRE PARTIE.

CARACTÈRE DE LA CLAUSE PÉNALE. — A QUELS ACTES JURIDIQUES ELLE PEUT S'AJOUTER.

La clause pénale est tout d'abord une convention et une convention immuable, c'est le règlement conventionnel des dommages et intérêts dus pour inexécution d'une obligation, règlement qui lie le juge (art. 1152.)

Dommages-intérêts conventionnels et clause pénale sont deux expressions synonymes.

C'est en général sous les art. 1226 et suivants que les auteurs s'occupent de la clause pénale, à la suite des obligations avec modalités.

Toutefois certains auteurs (notamment M. Zachariæ, tome III, page 73) traitent de la clause pénale à propos de l'art. 1152 qui est placé dans le chapitre précédent, section IV des dommages-intérêts.

Nous suivrons l'ordre généralement adopté et nous renverrons à notre deuxième partie les développements que nous aurons à donner sur cet article 1152.

L'art. 1226 nous fournit un second caractère de la clause pénale : c'est une convention *accessoire.*

Nous avons dit que la clause pénale était une convention par laquelle une personne s'engage à *quelque chose* pour le cas où elle n'exécuterait pas ou exécuterait tardivement une obligation qu'elle a contractée.

La clause pénale suppose donc une obligation déjà existante. C'est une convention essentiellement *accessoire.* Nous avons combattu l'opinion de certains interprètes du droit romain qui ne voient dans la stipulation *pœnæ* qu'une convention *accessoire.* Nous croyons que les Romains n'ont pas envisagé cette stipulation de la sorte.

Mais il faut bien reconnaître que les rédacteurs du Code se sont approprié cette opinion des anciens interprètes du droit romain (Pothier notamment) et l'ont transformée en disposition législative.

C'est par cette idée que s'expliquent presque toutes les décisions que nous allons trouver dans la loi et les cas dans lesquels le législateur a laissé de côté ce point de vue, sont des cas exceptionnels.

La clause pénale est une convention accessoire, elle suppose essentiellement une autre obligation dont elle est destinée à assurer l'exécution.

Première conséquence.—La nullité de l'obligation principale doit entraîner la nullité de la clause pénale.

C'est ce que dit en effet l'art. 1227 : « La nullité de

l'obligation principale entraîne celle de la clause pénale. La nullité de celle-ci n'entraîne point celle de l'obligation principale. »

Si donc l'obligation principale est nulle pour défaut d'objet, pour défaut de cause ou parce qu'elle a une cause illicite, la clause pénale sera nulle également (arrêt de Cassation, 4 janvier 1853. Paturet.) Par exemple : sera nulle la clause pénale ajoutée à la convention portant que les parties déclarent se séparer à l'amiable. (Cass. 14 mars 1866.)

L'obligation principale dans les cas que nous avons supposés jusqu'à présent est nulle de nullité absolue ; la nullité donc n'est pas susceptible de disparaître par l'effet de la prescription ou d'une confirmation. Mais la clause pénale peut avoir été ajoutée à une convention qui n'est qu'annulable pour vice du consentement par exemple ou pour incapacité :

La clause pénale est encore affectée du même vice que l'obligation principale, car nous supposons qu'elle a pris naissance en même temps qu'elle.

Si la clause pénale avait été stipulée plus tard et à une époque où le vice qui affectait la première obligation a cessé, cette stipulation pourrait être regardée comme une confirmation tacite.

Dans le cas où il serait intervenu un acte de confirmation ou de ratification manquant de l'une des conditions exigées par l'art. 1338, la clause pénale qui aurait été ajoutée à un pareil acte serait nulle également, et nous n'admettrons pas la décision que donne M. Duranton (n° 333, vol. 11) qui soutient qu'en pareil cas cet acte, quoique nul comme acte confirmatif proprement dit, est valable comme contenant une obligation pénale.

Point de difficulté si l'obligation principale est d'après la loi ou la morale absolument nulle.

Clauses pénales à propos de promesses de mariage. Mais il existe certains actes, comme les *promesses de mariage*, à propos desquels des doutes se sont élevés. Nous avons fait connaître l'état de la législation Romaine à propos des promesses de mariage. Sans entrer dans le détail des diverses phases de cette législation comme le fait Toullier (n° 290 et suiv. volum. VI) nous savons qu'à Rome le principe de la liberté des mariages était tellement absolu qu'on ne donnait aucun effet à la promesse de mariage suivie d'une clause pénale. Le droit canonique avait reconnu aux fiançailles un caractère obligatoire, mais le droit coutumier suivait à l'égard des promesses de mariage, le droit Romain et *n'en reconnaissait pas le caractère obligatoire.*

Toullier (vol. VI, n° 293 et suiv.) et Merlin (Répertoire V° peine contractuelle III) soutiennent dans une longue dissertation historique et critique sur ce sujet que d'après le Code civil, les promesses de mariage ne sont pas nulles, qu'elles ne contiennent en effet rien de contraire à la loi et à la morale, et que par conséquent la clause pénale qui les accompagne est valable.

Nous ne pouvons entrer dans les détails de leur

argumentation et dans l'examen de la jurisprudence qu'ils invoquent. Nous n'admettrons pas leur décision, et nous croyons, avec la presque unanimité des auteurs, que d'accord avec le droit Romain notre Code annule les promesses de mariage comme contraires à la liberté du consentement, liberté essentielle en pareille matière; et que la nullité de la promesse de mariage entraîne celle de la clause pénale qui la suit.

Sans doute il pourra arriver qu'après des projets de mariage accompagnés ou non de promesse, des dommages-intérêts soient dus en vertu du principe général de l'art. 1382 ; mais il ne s'agira plus de dommages-intérêts à propos d'un contrat valable.

De nombreux arrêts de cassation établissent cette doctrine qui est maintenant parfaitement fixée:

Cass. 21 décembre 1814,

Cass. 16 juin 1821,

Rapportés par Toullier dans sa discussion.

Cass. 7 mai 1836.

Cass. 30 mai 1838.

Cass. 11 juin 1838. Le dernier arrêt de Cass. est du 16 janvier 1877. (Dalloz 1er cahier, année 1877.)

Mais il faudra, s'ils accordent des dommages-intérêts fondés sur l'art. 1382 que les juges ne tiennent compte que du *damnum emergens* et non du *lucrum cessans* et qu'ils n'aient aucun égard à la promesse de la clause pénale.

Les auteurs font en général remarquer qu'il ne faudrait pas exagérer les conséquences de cette idée que la clause pénale est une convention accessoire ; car, disent-ils, il peut arriver que la clause pénale soit valable alors que l'obligation principale est nulle, et comme exemple ils citent ce qui a lieu pour les promesses et les stipulations pour autrui.

Clauses pénales à propos de promesses pour autrui. — Parlons d'abord des promesses pour autrui. Ces promesses sont nulles, nous le savons ; ce qui signifie que le tiers dont on a promis le fait n'est pas obligé et que le promettant lui-même n'est tenu à rien.

Que le tiers ne soit pas obligé, cela est évident ; car le tiers n'a pas consenti à devenir débiteur. Mais pourquoi le promettant n'est-il pas obligé ? Parce qu'il n'a pas manifesté clairement l'intention de s'obliger lui-même.

Que cette intention apparaisse et la promesse sera valable non pas à l'égard du tiers mais à l'égard du promettant.

Quand une clause pénale aura été stipulée cette intention ne pourra être mise en doute (*Cass.* 14 *juillet* 1869.)

Mais est-il nécessaire qu'une clause pénale ait été stipulée pour que la promesse pour autrui produise des effets ? Nullement.

S'il est défendu de promettre le fait d'autrui, il est permis de promettre son propre fait : on peut très bien promettre de faire en sorte qu'un tiers s'oblige; et comme les conventions doivent s'interpréter plutôt dans le sens qui leur donne effet que dans celui qui ne leur en donne aucun, (art. 1157) on présumera que celui qui a promis le fait d'autrui a promis de faire en sorte que le tiers s'obligerait.

Une action pourra-t-elle être exercée contre le tiers? Nullement, mais si ce tiers ne contracte pas l'obligation que le promettant s'est engagé à lui faire contracter, le promettant sera condamné à des dommages-intérêts qui seront arbitrés par le juge. Eh bien! ces dommages-intérêts, au lieu d'être réglés par le juge, peuvent être déterminés d'avance par les parties elles-mêmes au moyen d'une clause pénale.

La vieille règle d'après laquelle la promesse pour autrui est nulle, a perdu toute sa valeur en tant qu'il s'agit du promettant.

On ne peut pas dire que ce soit la clause pénale qui oblige le promettant? Non, le promettant serait obligé sans cette clause pénale. La clause n'a ici que l'utilité qu'elle présente d'ordinaire: elle soustrait l'évaluation des dommages-intérêts à l'appréciation du juge.

Clauses pénales à propos de la stipulation pour autrui. — Nous en dirons autant de la stipulation pour autrui. La stipulation pour autrui est nulle en principe et à l'égard du tiers pour lequel la stipulation a été faite et à l'égard de celui qui a stipulé: à l'égard du tiers parce qu'il n'a pas figuré dans la stipulation, à l'égard du stipulant parce qu'il n'a pas d'intérêt.

Mais dès que le stipulant a un intérêt, la stipulation est valable pour lui et s'il y a une clause pénale l'intérêt du stipulant à agir contre le promettant naît de cette clause même.

Il ne faudrait pas croire cependant qu'une clause pénale fût nécessaire pour rendre la stipulation valable à l'égard du stipulant et en effet, la règle d'après laquelle les stipulations pour autrui sont nulles est devenue, comme l'a fait observer M. Colmet de Santerre, (Vol. 5, 33 bis III), une règle sans utilité pratique, sous l'influence des principes un peu larges du droit français en matière d'interprétation des conventions. Voici comment : la stipulation pour autrui est nulle à l'égard du stipulant parce qu'il n'a pas d'intérêt. Si ce stipulant était le gérant d'affaires du tiers pour lequel il a stipulé, la stipulation serait certainement valable ; car le gérant d'affaires est intéressé à mener à bonne fin la gestion qu'il a entreprise.

Si maintenant le stipulant n'est pas le gérant d'affaires du tiers, est-ce que cette stipulation qu'il fait n'annonce pas de sa part l'intention de se porter gérant d'affaires? ne doit-elle pas être considérée comme le premier acte de cette gestion? Sans aucun doute, une pareille interprétation nous est imposée par l'art. 1157: « lorsqu'une clause est susceptible de deux sens on doit plutôt l'entendre dans celui avec lequel elle peut produire quelque effet que dans le sens avec lequel elle n'en pourrait produire aucun. »

Dès lors le stipulant peut agir contre le promettant, et la clause pénale n'a plus l'utilité que veulent lui attribuer certains auteurs.

Elle ne sert pas à permettre au stipulant d'agir, puisque, ce droit, le stipulant l'aurait sans elle; elle sert seulement à évaluer les dommages-intérêts dus par le promettant pour le cas où celui-ci n'exécuterait pas son obligation.

Clause pénale à propos de la vente de la chose d'autrui. — Il peut arriver qu'une obligation, quoique nulle, donne lieu à des dommages-intérêts.

Ainsi la vente de la chose d'autrui est nulle et cependant elle donne lieu à des dommages-intérêts quand l'acheteur a ignoré que la chose fût à autrui. (Art. 1599.) Une clause pénale ajoutée à la vente de la chose d'autrui est donc parfaitement valable (Aubry et Rau, t. 3, p. 74). Cassation, 17 *mars* 1825.

La 2me partie de l'art. 1227 est ainsi conçue : « *La nullité de la clause pénale n'entraîne point celle de l'obligation principale.* »

Si c'est la clause pénale qui est nulle, cette nullité ne peut exercer aucune influence sur l'obligation principale ; c'est une seconde conséquence de ce que la clause pénale est accessoire.

« *L'accessoire ne peut à la vérité,* (dit Pothier au numéro 340 de son Traité des obligations, où il énonce littéralement le principe de la deuxième partie de notre art. 1227,) *subsister sans le principal ; mais le princi-*
« *pal ne dépend pas de l'accessoire et peut subsister sans*
« *lui.* »

De tout ce qui précède il résulte que, pour les rédacteurs du Code, la clause pénale est avant tout une convention accessoire : elle est bien aussi et nécessairement une obligation conditionnelle ; mais le premier caractère domine en droit français tandis que le second l'emportait de beaucoup en droit romain.

On peut critiquer le point de vue français, mais ce qui à notre avis est incontestable, c'est qu'il a été celui du législateur. Nous en verrons la preuve dans les nombreuses décisions que nous allons passer en revue.

Quand une peine a été stipulée, cette peine n'est qu'un accessoire : elle n'est due que dans le cas où le débiteur n'exécuterait pas l'obligation principale.

Il ne faudrait pas croire cependant que la clause pénale, quoique conçue sous une condition, pût être assimilée complètement à une obligation contractée sous une condition dépendant de la volonté du débiteur.

Comparaison de l'obligation pénale avec l'obligation conditionnelle. — Lorsque je vous ai promis de vous donner une somme d'argent *si je ne démolissais pas telle construction* qui gêne votre vue, j'ai contracté une obligation subordonnée à une condition qui dépend de ma volonté : je vous devrai bien la somme si je ne démolis pas la construction, mais vous ne pourrez pas me forcer à démolir cette dernière, ni à mon défaut vous faire autoriser à la faire démolir vous même (article 1144), car il n'y a qu'un fait *in obligatione* : c'est la prestation de la somme d'argent; la démolition de la construction est facultative pour moi.

Si au contraire je vous ai promis de démolir telle construction et si j'ai ajouté que je vous donnerais une somme d'argent pour le cas où je ne la démolirais pas, j'ai contracté une obligation avec clause pénale. Il y a une obligation principale, celle de démolir la maison, et vous pourrez en poursuivre l'exécution contre moi : vous pourrez me forcer à démolir la maison, si vous préférez cet avantage au paiement de la peine.

M. Larombière exprime cette différence essentielle entre l'obligation conditionnelle proprement dite et l'obligation avec clause pénale, à peu près en ces termes : « Dans l'obligation conditionnelle proprement dite il n'y a point d'obligation (*spes est tantum debitum iri*) tant que la condition n'est pas accomplie.

Et de plus comme la condition dépend ou de la volonté du débiteur ou du fait du tiers, ou du hasard, le créancier ne peut rien sur l'accomplissement ou le non accomplissement de la condition ; aucune des parties n'a action contre l'autre pour la réalisation de la condition. Au contraire dans l'obligation avec clause pénale il y a de suite quelque chose d'existant : l'obligation principale dont le créancier peut toujours demander l'exécution et comme cette obligation principale devient la condition de la clause pénale, il en résulte que le créancier a action contre le débiteur et que cette action tend indirectement à faire accomplir la condition. »

Nous avons fait déjà cette observation en droit romain en étudiant la *stipulatio pœnæ*.

Tout cela tient à cette idée que l'objet *in obligatione* dans l'obligation principale et celui *in conditione* dans la clause pénale sont identiquement les mêmes.

Toullier, dans une analyse très détaillée de la clause pénale (tome VI n° 804 et suiv.), fait ressortir cette différence avec l'obligation conditionnelle et en tire plusieurs conséquences pratiques qui sont plus vraies en droit français qu'en droit romain, bien que Toullier par la large part qu'il donne au droit romain dans sa dissertation, comme du reste au cours de tout son ouvrage, paraisse plutôt s'y rattacher.

S'il s'agit, dit-il, d'une obligation conditionnelle sous condition potestative de la part du débiteur, le débiteur ne peut être excusé, quoiqu'il ait été empêché par une cause légitime, (force majeure par exemple,) de s'exécuter dans le temps fixé ; si la condition est accomplie il est tenu *in omni casu*, qu'il ait été empêché, ou qu'il y ait faute ou négligence de sa part.

Au contraire, s'il s'agit d'une obligation avec clause pénale la peine ne sera pas encourue si le débiteur a des excuses légitimes : il ne peut être puni que quand il est en faute.

En second lieu, dans le cas d'une obligation avec clause pénale, si l'obligation principale est sans terme et l'obligation pénale accessoire également sans terme : (Exemple: Je vous promets de démolir une construction qui gêne votre vue et si je ne la démolis pas je vous promets une somme d'argent;) si vous ne démolissez pas de suite votre construction je pourrai agir immédiatement contre vous.

Au contraire, dans le cas d'une obligation conditionnelle sans terme : (si vous ne démolissez pas la maison vous me paierez tant) je serai obligé d'attendre l'événement de la condition, d'attendre qu'il vous convienne de démolir, sans pouvoir vous y contraindre; et je ne pourrai vous demander la peine que quand il sera certain que vous n'aurez pas démoli, c'est-à-dire après votre mort.

Nous pouvons ajouter une autre conséquence dont

Toullier ne parle pas: S'il s'agit d'une obligation conditionnelle ordinaire et que le débiteur soit mort avant d'avoir accompli le fait *in conditione* en laissant deux héritiers; si l'un refuse d'exécuter le fait *in conditione*, ce refus suffit pour que la condition se réalise et que la totalité de la somme promise soit due : c'est un effet de l'indivisibilité de la condition.

Au contraire, s'il s'agit d'une obligation avec clause pénale et que le même fait *in obligatione* ne soit pas accompli à la mort du débiteur; si l'exécution peut se diviser entre les héritiers et que l'un s'exécute pour sa part tandis que l'autre ne s'exécute pas, ce sera ce dernier seul qui sera tenu et pour sa part seulement. (1233. 1er alinéa)

De ces différences résultent, pour chacune de ces deux espèces d'obligations, des inconvénients et des avantages qui leur sont propres et que Toullier énumère dans le n° 807 (Tome VI auquel nous renvoyons pour plus de détails.)

Comparaison avec l'obligation alternative. — L'obligation avec clause pénale se distingue aussi très nettement de l'obligation *alternative*.

On appelle obligation alternative celle qui a deux ou plusieurs objets, mais qui est éteinte par la prestation d'un seul de ces objets. Le choix de l'objet à fournir appartient tantôt au créancier tantôt au débiteur. Il appartient au débiteur si l'on n'a rien dit. Mais l'obligation alternative a deux objets qui sont dus *principaliter*; c'est en cela qu'elle diffère de l'obligation avec clause pénale.

Qu'un des deux objets vienne à périr par cas fortuit, l'obligation alternative n'en subsistera pas moins; mais elle n'aura plus qu'un objet.

Si au contraire, lorsqu'une peine a été stipulée, la chose qui fait l'objet de l'obligation principale venait à périr par cas fortuit, la peine cesserait d'être due parce que la clause pénale est une convention accessoire.

En outre l'obligation alternative est toujours *une* (Toullier, tome VI n° 803); dans l'obligation avec clause pénale au contraire il y a deux obligations l'une pure et simple, l'autre conditionnelle; l'une principale, l'autre accessoire.

Lorsque la condition de la clause pénale sera accomplie, le créancier aura deux droits, il pourra ou demander l'exécution ou demander la peine, à son choix; mais il n'aura droit qu'à l'une ou l'autre chose et ne pourra demander partie du principal, partie de la peine; à cet égard, comme M. Larombière le reconnaît sur l'article 1228, et M. Demolombe, sur l'art. 1231, il y a bien là *quelque chose d'alternatif*, *une sorte d'obligation alternative au choix du créancier*; c'est ce que dit Dumoulin (Div. et ind. p. 1. n° 75 et 76). Mais la différence avec l'obligation alternative consiste en ce qu'ici s'il y a deux objets il y aura aussi deux obligations, tandis que dans l'obligation alternative il n'y en a qu'une renfermant deux ou plusieurs objets.

Toullier ajoute au n° 803 comme autre différence : que si le choix était déféré non au créancier, mais au débiteur par la convention ; cela n'empêcherait pas l'obligation d'être alternative, tandis que cela empêcherait l'obligation d'être sous clause pénale ; en d'autres termes dans l'obligation avec clause pénale le choix entre le principal et la peine appartient *essentiellement* au créancier ; dans l'obligation alternative le choix peut appartenir indifféremment au créancier ou au débiteur.

Comparaison avec l'obligation facultative. — Il y a enfin une autre obligation qui ne doit pas être confondue avec la clause pénale, c'est l'obligation *facultative*, c'est-à-dire qui n'a qu'un objet, mais dans laquelle le débiteur a la faculté de se libérer en fournissant au créancier une autre chose.

Ici il n'y a pas deux obligations l'une principale, l'autre accessoire ; il n'y a qu'une obligation et la chose que le débiteur a la faculté de donner au créancier ne peut pas être exigée par celui-ci. Mais le débiteur peut choisir cet objet qui est *in facultate solutionis* et éteindre son obligation en le donnant au créancier (1).

Quand il y a une clause pénale, au contraire, le débiteur ne peut pas en offrant d'exécuter la clause pénale empêcher le créancier de poursuivre l'exécution de l'obligation principale, parce que la clause pénale n'est qu'une convention accessoire.

(1). C'est ce qui se produit dans l'obligation conditionnelle ordinaire sans une condition potestative de la part du débiteur, car, comme nous l'avons dit en droit romain, l'objet in conditione est in exsolutione, in facultate solutionis. Mais il y a cette différence entre l'obligation de cette nature et l'obligation facultative que dans le premier cas il n'y a obligation que si la condition se réalise, et dans le deuxième cas il y a de suite une obligation pure et simple.

Dans l'obligation facultative le but des parties est tout différent de celui qu'elles ont eu en vue en contractant une obligation avec clause pénale. C'est pour donner plus de latitude au débiteur, qu'on lui a laissé la faculté de se libérer en payant le dédit ; c'est au contraire pour contraindre plus durement le débiteur qu'on a introduit la clause pénale.

Certainement il pourra arriver quelquefois qu'en fait on sera amené à se demander si les parties ont entendu stipuler un dédit ou une peine : l'art. 1152 se prête à ces deux interprétations (Duranton t. 11, n° 322).

Disons donc que les termes de la convention peuvent être obscurs : — Quand y aura-t-il lieu à obligation contractée sous une condition dépendant de la volonté du débiteur, à une obligation facultative ou une obligation avec clause pénale ? Il serait impossible de donner *a priori* une règle qui permît de démêler dans tous les cas le sens du contrat. Il y a là une question de fait que les juges devront résoudre d'après les circonstances.

A quels actes juridiques la clause pénale peut être ajoutée?

Nous n'avons jusqu'ici parlé de la clause pénale qu'autant qu'elle résulte de la volonté commune des parties, qu'elle constitue une convention; et la définition que nous avons donnée de la clause pénale l'envisage à ce point de vue seulement.

Comme convention, la clause pénale peut intervenir à propos de toutes obligations et de tous contrats en général ; on la rencontre plus fréquemment dans la transaction et le compromis, où nous aurons l'occasion d'en examiner les effets.

Dans les partages de succession, société, communauté, nous voyons souvent les arrangements intervenus garantis par la stipulation d'une peine.

Divers arrêts de cassation concernent des clauses pénales sur partages d'ascendants faits par actes entre vifs.

Les donations entre-vifs comportent une convention de ce genre ; de même les substitutions permises par acte entre-vifs.

Dans tous ces cas la clause pénale a le même caractère : elle intervient comme une convention accessoire à l'effet d'assurer le maintien des contrats ou actes entre-vifs ou de déterminer le montant des dommages intérêts en cas d'inexécution des obligations.

Mais de même que nous avons vu en droit romain la *pœna* très fréquente dans les legs et les institutions d'héritiers ; de même nous rencontrons souvent en droit français la clause pénale dans les dispositions testamentaires et institutions d'héritiers, legs, donations, substitutions permises et partages d'ascendants par actes testamentaires. Ici il ne peut être question de convention, puisque l'acte testamentaire est l'œuvre d'une seule volonté.

Notre définition de la clause pénale ne convient plus dans ces conditions.

La clause pénale agit dans les dispositions testamentaires à la manière d'une condition. Il s'agit de ce que Merlin appelle la *peine testamentaire*. (Répertoire à ce mot.) (Grenier, Donations tome 1, p. 153.)

Le testateur peut déclarer, par une clause de son testament, qu'il privera son héritier, son donataire ou son légataire de tout ou partie de la disposition si l'un de ces derniers attaque le testament.

Nous n'entrerons pas à cet égard dans les détails, renvoyant aux ouvrages cités ; nous dirons seulement que l'art. 900 du Code civil s'applique aux clauses pénales de cette nature comme aux conditions ordinaires; que, par conséquent, les clauses pénales dont l'objet est de garantir une disposition impossible, contraire aux lois ou aux mœurs sont réputées non écrites; clauses accessoires, elles ne peuvent valoir puisque le principal n'est pas valable ; en décidant autrement on arriverait à faire fraude à la loi. C'est ainsi que l'on ne pourra pas valider au moyen d'une clause pénale des dispositions faites au profit d'un incapable, une substitution prohibée, une disposition entachée de captation, etc.

Si une partie intéressée attaque la disposition, elle s'expose à la clause pénale, dans le cas où elle perdra son procès. Mais dans ce cas même, les tribunaux pourront estimer en fait que la peine n'est pas encourue d'après la volonté du testateur. (Cassat. 22 déc. 1845.)

Comme nous le verrons plus loin, ce pouvoir d'appréciation laissé aux juges et ce moyen de tourner l'art. 1152 prêtent à l'abus.

Il arrivera que, sous prétexte d'équité, les juges violeront la loi de la convention.

Nous terminerons cette première partie en disant quelques mots de la clause pénale introduite dans les jugements.

Nous avons vu à propos des obligations de faire ou de ne pas faire que dans certains cas le créancier peut en obtenir l'exécution effective (1143-1144) lorsque il n'y aura pas besoin pour cela d'exercer une contrainte physique sur la personne du débiteur. Mais dans la plupart des cas, si l'obligation a un caractère personnel, son inexécution se traduira par des dommages-intérêts (1142).

Tous les jugements qui prononceront des dommages intérêts ayant le caractère d'une réparation, selon l'article 1149, sont parfaitement fondés en droit; que la condamnation se réfère à des faits antérieurs, qu'elle fixe d'avance et conditionnellement, à raison de tant par jour ou de tant par chaque contravention, les dommages-intérêts qui seront dus ; que l'exécution du jugement doive avoir lieu de suite, ou bien au bout d'un certain délai laissé au débiteur pour s'acquitter (Pothier, oblig. n° 146) ; toutes ces condamnations sont régulières et dans les vrais pouvoirs des juges. Dans quelques cas, comme lorsque l'exécution du jugement sera suspendue pour laisser au débiteur la possibilité d'éviter la condamnation avec toutes ses conséquences, ou lorsque les dommages-intérêts se réfèreront à un préjudice éventuel, futur, le débiteur sera averti, il saura d'avance à quoi sa résistance ou sa négligence pourra l'exposer : mais cet effet moral ne se produira que par la force des choses, il n'aura pas été voulu principalement par le juge ; le but que le magistrat se sera proposé aura été, en avertissant le débiteur des conséquences possibles de son inaction ou de son action, de réparer le préjudice que le créancier aura souffert.

Ce sont là des actes de réparation et non des mesures comminatoires. Rien là qui ressemble à un moyen de contrainte, à une peine.

Tous les jours les magistrats rendent des décisions de cette nature. En fixant d'une manière *ferme* et *définitive*, en déterminant d'avance par chaque jour de retard les dommages-intérêts qui seront dus au créancier comme la réparation du tort que lui fait le débiteur en ne s'exécutant pas, les juges ne font qu'user des pouvoirs qu'ils tiennent de la loi.

La jurisprudence sur ce point est constante et les arrêts de cassation abondent.

Montpellier, 30 avril 1849, Dal. 1849, 2, 126. Comp. Rejet. 26 juillet 1854, Dal. 1854, 1, 297.

Mais il arrive souvent que le débiteur oppose aux injonctions des juges une résistance d'autant plus obstinée qu'il sait qu'il ne peut être condamné qu'à des dommages-intérêts proportionnés au préjudice qu'éprouve le créancier, et qu'il est à l'abri d'une contrainte physique sur sa personne. Alors s'engage entre lui et le juge une espèce de lutte ; un moyen se présente au juge de venir à bout du débiteur, c'est de le frapper très-gravement dans ses intérêts pécuniaires s'il continue à désobéir.

La décision judiciaire se trouvera sanctionnée par une véritable pénalité.

Un jugement de première instance du tribunal de la Seine, du 13 janvier 1876, dont nous parlerons plus loin, va jusqu'à dire : « que les tribunaux peuvent recourir à tous les moyens possibles pour assurer l'exécution de leurs jugements. »

Sans doute, le but est louable; mais les moyens de coercition ne sont pas, suivant nous, toujours légaux.

Certains jugements, conçus dans cet ordre d'idées, ne sont plus des actes de réparation, ce sont des actes d'autorité; le juge ne s'occupe plus de sauvegarder les intérêts du créancier, il tient, avant tout, à sauvegarder le prestige de la justice, à faire plier la volonté du débiteur, à briser sa résistance. La maxime « *nemo precise cogi potest ad factum* » que reproduit l'art. 1142 est violée.

Cette tendance résulte du texte même de plusieurs arrêts, notamment d'un arrêt de la Cour de Montpellier, du 1er avril 1862 (Demolombe, tome 24, n° 496). La jurisprudence de la Cour de cassation paraît consacrer ce droit de prononcer, dans les décisions judiciaires des condamnations ayant un caractère *comminatoire* et *provisoire*; de telle sorte qu'après coup, les juges pourraient revenir sur ces décisions, effacer complétement les peines prononcées ou les modifier, suivant les circonstances.

(Arrêts de Cass. du 22 novembre 1841 ; — rejet,

25 mars 1857 ; — *id.*, 24 janvier 1865 ; — *id.*, 4 avril 1865, aff. Borel. Paris, 20 juin 1866 Dal., 1869, 1, 39.

Il y a des arrêts qui paraissent ne reconnaître aux juges cette faculté d'édicter des peines que dans les cas où le débiteur est en retard d'exécuter son obligation ; dans le cas, au contraire, où il se refuse absolument à s'exécuter, de véritables dommages-intérêts qui pourraient seuls être alloués.

(Paris, 4 juillet 1865. Dall., 65, 233).

MM. Demolombe et Laurent ne font pas cette distinction : suivant eux la condamnation judiciaire a un caractère illégal toutes les fois qu'elle apparaît comme un moyen de contraindre le débiteur à l'exécution d'un fait qui lui est personnel, et que le montant de la condamnation sera supérieur à celui des dommages et intérêts représentant le préjudice réel éprouvé par le créancier.

Ces auteurs raisonnent à peu près ainsi :

L'art. 1142 est formel : «Toute obligation de faire ou de ne pas faire se *résout* en dommages-intérêts.»

Il résulte de l'art. 1147 que le retard du débiteur ne peut donner lieu qu'à des dommages-intérêts, et de l'art. 1149, que les dommages-intérêts sont la réparation du préjudice souffert par le créancier.

Il est dangereux de substituer au texte de la loi des théories arbitraires ; quand le juge se trouvera appelé à statuer sur l'inexécution d'une obligation de faire, et qu'il ne pourra agir sur le débiteur sans violenter sa personne ou sa volonté, il devra se contenter de le condamner une fois pour toutes à des dommages-intérêts, mais toujours proportionnés au préjudice.

Autrement, dans le système de la jurisprudence, on arriverait à des conséquences iniques, puisque le montant des condamnations ne serait borné par aucune limite ni mesure. Il faudrait en arriver avec certains débiteurs, à les mettre dans l'alternative, ou de s'exécuter, ou d'être ruinés. Un pareil procédé est réprouvé par les principes mêmes sur la bonne administration de la justice ; il n'appartient pas aux magistrats de se passionner dans une lutte où ils ne sont jamais certains de triompher.

N'y a-t-il pas non plus quelque chose de blessant dans ce résultat, que l'adversaire de la partie condamnée va bénéficier de ces espèces d'amendes et s'en faire un revenu?

Tels sont à peu près les arguments de MM. Demolombe et Laurent.

Nous sommes disposés à suivre plutôt l'opinion adoptée par MM. Aubry et Rau (tome IV § 299) et à faire la distinction suivante nettement formulée dans beaucoup d'arrêts :

Toutes les fois que le juge se trouvera en présence d'un débiteur bien décidé, parce qu'il ne veut pas ou ne peut pas, à ne pas accomplir son obligation de faire, et qu'on ne sera pas dans le cas des art. 1143 et 1144, les juges ne pourront, sans s'exposer à violer l'article 1142 et la règle « *nemo precise cogi potest ad factum* » prononcer contre le débiteur une condamnation de tant par jour de retard. Du moment qu'on n'est plus fondé à espérer l'exécution volontaire de la part du débiteur, il n'y a plus qu'à résoudre l'obligation en des dommages intérêts et à prononcer une condamnation qui renferme ces dommages intérêts en bloc pour l'inexécution générale. Une condamnation fractionnée par jour n'aurait plus de raison d'être comme moyen de réparation ; c'est alors qu'il serait vrai de dire que le juge n'a eu en vue qu'une peine, une menace, une contrainte à l'adresse du débiteur ; et qu'il ne cherche qu'a briser sa résistance. La loi serait violée dans son esprit et dans son texte.

Au contraire lorsqu'il ne s'agit que de retard dans l'exécution ; une condamnation de tant par chaque jour de retard s'explique, se justifie. Elle n'est point purement comminatoire comme dans le cas précédent. Souvent il aurait été rigoureux d'interpréter le retard du débiteur comme un refus de s'exécuter. Un dommage a été causé, il en sera causé un semblable par chaque nouveau jour de retard ; il est juste qu'une indemnité soit fixée: elle sera réellement une réparation.

Mais pour que l'on reste dans la légalité, cette faculté pour les juges devra être subordonnée à certaines conditions : Il faudra d'abord que la condamnation à tant par jour soit d'une somme fixe et définitive, de telle sorte qu'il n'y aura plus tard, pour savoir quel sera le droit du créancier, qu'à multiplier la somme allouée par le nombre des jours de retard. En second lieu les juges devront limiter la durée de cette condamnation fractionnée à un certain délai passé lequel ils devront se réserver de statuer définitivement : le débiteur s'il ne s'est pas exécuté alors étant censé se refuser à l'exécution totale.

Grâce à ces tempéraments, qui sont généralement observés dans les arrêts, la loi sera respectée.

La Cour de Paris a été appelée, le 7 août 1876, à se prononcer sur un jugement du tribunal de la Seine du 13 janvier 1876. Après une séparation de corps, la femme avait été condamnée à remettre les enfants à la garde du mari. Faute de cette remise, ce dernier fut autorisé par le jugement à saisir-arrêter les revenus de la femme qui seraient employés en acquisitions de rentes au nom des enfants. Un séquestre avait été nommé pour la perception des revenus et l'administration des biens.

La femme persista dans le refus d'obéir aux ordres de la justice. L'affaire se présenta à la Cour en cet état, et les circonstances étaient telles qu'il fut déclaré dans les plaidoiries que cette résistance ne cesserait pas.

L'arrêt de la Cour dit : « qu'il y a lieu de maintenir la saisie-arrêt des revenus et le séquestre ordonnés par les premiers juges...

« Que, faute par la femme d'avoir remis les enfants au mari dans la première quinzaine de la signification du présent arrêt, « elle est, dès à présent, condamnée « à lui payer, pour chaque jour de retard à partir de « l'expiration du délai de quinzaine, savoir : 500 francs « pendant le premier mois, et 1,000 francs pendant le « second mois; passé lequel délai de deux mois, à dé-

« faut d'exécution, il sera par la Cour fait droit défini-
« tivement. »

Nous croyons qu'on peut critiquer à bon droit la décision du tribunal de la Seine : il y a là quelque chose qui ressemble à une confiscation de la fortune de la femme au profit des enfants, qui ne sont pas parties au procès. Peut-on voir là de véritables dommages-intérêts? Évidemment non !

L'arrêt de la Cour est conçu dans un ordre d'idées plus rationnel et, au fond, plus modéré ; mais nous ne croyons pas qu'il soit conforme à la loi.

Bien que nous trouvions dans cette condamnation les tempéraments dont nous avons parlé plus haut, les circonstances de l'affaire étaient telles que le refus par la femme de rendre les enfants était déjà constaté avant la décision des juges. Il ne s'agissait donc plus d'un retard à vrai dire ; et la condamnation avait au fond pour véritable objet de contraindre à l'exécution d'une obligation de faire ayant un caractère personnel ; ce qui, suivant nous, est défendu par la loi.

La Cour de cassation n'a pas du reste été appelée encore, que nous sachions, à se prononcer sur cet arrêt.

DEUXIÈME PARTIE.

DROITS DU CRÉANCIER QUI A STIPULÉ UNE PEINE ? PEUT-IL DEMANDER LA PEINE ET LE PRINCIPAL OU NE PEUT-IL DEMANDER QUE LA PEINE ? QUEL PEUT-ETRE LE MONTANT DE LA PEINE ?

Maintenant que nous connaissons le caractère de la clause pénale, il nous faut voir quels sont les droits qu'engendre la stipulation de la clause pénale au profit du créancier.

Et d'abord en quoi peut consister la peine ? Le plus souvent elle consistera en argent. Les dommages et intérêts dont elle est la représentation consistent en effet en argent. Mais il va sans dire que la peine pourrait avoir pour objet autre chose que de l'argent. La volonté des parties est absolument souveraine sur ce point.

L'art 1226 nous le montre bien quand il dit que la clause pénale est une convention par laquelle un débiteur, pour assurer l'exécution d'une obligation, s'engage à *quelque chose* en cas d'inexécution.

Le créancier peut demander la peine ou poursuivre l'exécution de l'obligation. — Lorsqu'une peine aété stipulée, nous savons quel est le but que se sont proposé les parties.

Le créancier n'a pas voulu soumettre l'évaluation

des dommages-intérêts à l'appréciation du juge. Il a voulu éviter un procès dont la solution serait difficile et incertaine, il a voulu en un mot augmenter ses droits et non pas les diminuer.

Aussi s'il arrive que l'obligation principale ne soit pas exécutée, il ne sera nullement forcé de se contenter de la peine : il pourra poursuivre l'exécution de l'obligation principale.

C'est ce que dit l'art. 1228 :

« Le créancier au lieu de demander la peine stipulée « contre le débiteur qui est en demeure, peut poursui- « vre l'exécution de l'obligation principale. »

Le caractère de convention accessoire que nous avons reconnu à la clause pénale doit d'ailleurs nous conduire à ce résultat.

S'il n'y avait pas eu de clause pénale, le créancier en cas d'inexécution de l'obligation, n'aurait pas été forcé de se contenter de dommages-intérêts; il aurait pu demander l'exécution effective de l'obligation : or la peine représente les dommages-intérêts.

Cependant nous savons (art. 1142) qu'il est des cas où l'exécution effective ne peut être obtenue, c'est lorsqu'il s'agit d'une obligation de faire, qu'on ne peut exécuter par la force qu'en exerçant une contrainte physique sur la personne du débiteur.

Dans ce cas il est bien entendu que si une peine a été stipulée le créancier ne pourra que l'exiger, mais il est probable qu'alors elle sera considérable et son chiffre même sera pour le créancier une garantie. Le débiteur aura tout intérêt à exécuter l'obligation principale.

Mais si l'obligation de faire pouvait être exécutée sans contrainte physique sur la personne du débiteur, la règle ordinaire reprendrait son empire.

Tout ce que nous venons de dire suppose que les parties ne se sont pas expliquées; car rien ne s'oppose à ce qu'elles conviennent qu'en cas d'inexécution de l'obligation principale, la peine seule pourra être exigée ; à vrai dire il y aura plutôt là une novation conditionnelle qu'une véritable stipulation pénale.

C'est, suivant nous, nous l'avons dit dans notre étude de droit romain, le cas de la loi 44 § 6 D. 44. 7. Or la novation ne se présume pas ; la peine est stipulée habituellement non pas pour éteindre et absorber l'obligation principale, mais pour la fortifier et la maintenir. L'extinction de l'obligation principale ne serait pas un moyen d'en assurer l'exécution. Dans l'obscurité des termes de la convention on supposera donc plutôt une clause pénale qu'une novation.

Le créancier peut demander la résolution du contrat. — Précisons cependant : nous ne disons pas que le créancier ne pourra pas demander la résolution de l'obligation principale. De ce que, à défaut de la peine quand elle est encourue, le créancier a le droit de demander l'exécution de l'obligation principale (art. 1228) il en résulte que s'il ne peut l'obtenir il pourra (art. 1184) au lieu de la peine demander la résolution du contrat ; en d'autres termes la stipulation d'une clause pénale n'emporte pas la renonciation au droit de demander la résolution d'une convention, droit qui n'est qu'une conséquence de celui de demander l'exécution de cette convention.

La clause pénale ne fait qu'augmenter les droits du créancier et ne peut les diminuer; il conserve, en dehors du droit à la peine, tous ceux qu'il avait en vertu de la convention et parmi ceux là le droit de demander la résolution subsiste. C'est ce qu'a décidé la Cour de cassation dans un *arrêt du 2 décembre* 1856. (Dalloz, 1857. 1. 443).

Pothier disait pareillement dans le n° 343 de son Traité des obligations : « De même que la clause pé-« nale n'ôte point à celui qui a stipulé la peine l'action « qui naît de l'engagement principal, de même elle ne « lui ôte pas non plus les exceptions et fins de non-re-« cevoir qui en pourraient résulter. »

Si donc le créancier croit qu'il a plus d'avantage à demander la résolution de l'obligation principale, parce qu'il obtiendra par là des dommages-intérêts supérieurs au montant de la peine, il pourra prendre ce moyen en abandonnant son droit à la peine. Et cet intérêt pourra exister si le débiteur est de mauvaise foi(1150); car dans ce cas les dommages-intérêts peuvent être plus considérables, comprenant même ce qui n'a pas été prévu lors du contrat, que la peine dont le montant a été fixé en vue de ce qui a été prévu lors du contrat.

Si la peine est stipulée pour le retard, nous verrons plus tard dans l'article 1229 que le créancier peut cumuler dans ce cas le principal et la peine. Cela est vrai dans ce sens que si le créancier obtient l'exécution de l'obligation principale il n'aura pas moins droit à la peine. Mais qu'arrivera-t-il dans le cas où le créancier demande la résolution du contrat pour cause d'inexécution totale de l'obligation? Le créancier aura-t-il droit aux dommages-intérêts prononcés et à la peine?

La Cour de cassation a jugé que dans ce cas la peine stipulée pour le simple retard n'est pas due. Le contrat résolu est censé n'avoir jamais existé, et la clause pénale est sans cause ou plutôt, comme l'accessoire, elle disparaît avec le principal.

Cass., Rejet 8 juillet 1873, (Dalloz 1874, 1, 56. Compar. rejet 8 janvier 1874, (Dalloz 1874, 1, 387).

Le créancier s'il demande la peine ne peut obtenir plus que la peine, et le débiteur ne peut payer moins que la peine. — C'est ce que décide l'art. 1152.

L'article 1229 1er alinéa, semble contraire. Mais nous allons voir que sa rédaction n'est plus en conformité avec notre droit actuel et qu'il doit être complété par l'art. 1152. Il est ainsi conçu:

« La clause pénale est la *compensation* des domma-
« ges-intérêts que le créancier *souffre* de l'inexécution
« de l'obligation principale. »

Pothier au n° 342 (Traité des obligations) disait presque textuellement: « Cette peine est stipulée dans l'in-
« tention de dédommager le créancier de l'inexécution
« de l'obligation principale; elle est par conséquent
« *compensatoire des dommages-intérêts qu'il souffre de*
« *l'inexécution de l'obligation principale.* »

Ce langage était exact à l'époque de Pothier, où le créancier pouvait demander plus que la peine, le débiteur payer moins que la peine; la peine était un *équivalent*, elle était *compensatoire* des dommages-intérêts.

Mais cela n'est plus vrai aujourd'hui, la peine est *un forfait, un alea* (art. 1152.)

C'est donc à tort, comme le fait remarquer la généralité des auteurs, que le Code a transporté les expressions de Pothier dans l'art. 1229 où elles sont copiées. Il n'est pas vrai également de dire qu'il faut que le créancier *souffre* un préjudice pour qu'il ait droit à la peine. Quelques auteurs cependant le soutiennent, (Dalloz, Répertoire, alp. V° obligations, n° 1595) en s'appuyant sur les expressions de notre article 1229 que nous critiquons.

C'est à tort: Il résulte de l'art. 1152 que la peine est due même lorsque le créancier n'a pas éprouvé de dommage. Le juge ne serait pas autorisé à admettre la preuve qu'offrirait de faire le débiteur de la non-existence du préjudice pour le créancier.

L'article 1229 doit donc être ainsi entendu: Le paiement de la peine tient lieu des dommages-intérêts résultant de l'inexécution de l'obligation et même plus exactement: *tient lieu de l'exécution de l'obligation* que le créancier aurait dû obtenir.

L'art. 1229, 1er alinéa se lie intimement à l'art. 1152 dont l'explication trouve ici sa place.

Cet article 1152 rejeté en dehors de notre texte des obligations avec clause pénale, à laquelle sa disposition appartient pourtant, s'exprime ainsi:

« Lorsque la convention porte que celui qui man-
« quera de l'exécuter paiera une certaine somme à

« titre de dommages-intérêts ; il ne peut être alloué « à l'autre partie, une somme plus forte ni moindre. »

C'est la conséquence du principe de la liberté des conventions posé dans l'art. 1134.

« La peine stipulée par les contractants, disait Bigot « de Préameneu au Corps législatif, fait loi entre « elles. Le créancier ne doit pas être admis à dire « que cette peine est insuffisante ni le débiteur à « prétendre qu'elle est excessive. Quel serait le juge « qui, mieux que les parties, pourrait faire connaître « les circonstances et les intérêts respectifs qui ont « déterminé ici la fixation de la peine ? On doit appli- « quer ici les raisonnements faits sur la fixation « d'une somme stipulée pour dommages-intérêts. »

Il n'y a point à craindre ici la lésion, car nous savons par l'art. 1118 que la lésion ne vicie les conventions que dans certains contrats et à l'égard de certaines personnes : or, ici, sauf deux restrictions que nous examinerons plus tard l'une dans l'art. 1231, l'autre à propos de la loi du 3 septembre 1807 sur l'usure, toute liberté existe pour fixer le montant de la clause pénale.

Pour comprendre le motif qui a fait répéter dans l'art. 1152 la disposition de 1134, il faut se reporter u droit romain et à l'ancien droit coutumier. L'article 1152 innove en disposant, d'une manière absolue, que, quel que soit le montant de la clause pénale, le juge devra l'allouer au créancier sans pouvoir ni l'augmenter, ni la diminuer.

Nous avons vu que le droit romain reconnaissait au

créancier le droit d'obtenir plus que la clause pénale s'il prouvait qu'elle était insuffisante pour réparer le préjudice souffert par lui ; il pouvait agir dans ce cas pour le supplément (*in id quod pluris interfuerit agere*) et cela soit d'une manière générale soit seulement, comme le pensent quelques auteurs, lorsque la *stipulatio pœnæ* était adjointe à un contrat de bonne foi.

Mais en droit romain dans aucun cas le juge ne pouvait diminuer la peine.

Dans l'ancien droit, Pothier admettait (n° 342, *in fine des oblig.*) que le juge ne doit pas être facile à « écouter le créancier qui prétend que la peine qu'il « a reçue ne le dédommage pas suffisamment « de l'exécution de la convention, car les parties « ayant, par la fixation de la peine, réglé et fixé elles-« mêmes les dommages et intérêts qui résulteraient « de la convention, le créancier en demandant de plus « gros dommages et intérêts, semble revenir sur une « estimation qu'il a faite, en quoi il ne paraît pas « recevable... » et il ajoute « *à moins que le créancier* « *n'eût la preuve en mains* que le dommage par lui « souffert excède la peine convenue.

D'autre part, Pothier dans le n° 345 des obligations admettait d'après Dumoulin (Traité de *eo quod interest*, n° 159, et suivant) que la peine stipulée en cas d'inexécution d'une obligation pouvait, lorsqu'elle était excessive, être réduite et modérée par le juge : cette décision était fondée sur ce que la nature de la clause pénale était de tenir lieu des dommages et intérêts.

Azon tenait pour l'opinion contraire que le Code a consacrée et décidait qu'une peine conventionnelle stipulée par forme de dommages-intérêts n'était sujette à aucune modération, qu'il y avait là une convention expresse laquelle devait être respectée. Pothier prétendait que lorsqu'un débiteur se soumet à une peine excessive, son consentement est censé avoir été fondé sur l'erreur (n° 345, *des oblig.*).

Toullier observe justement (vol. VI, n° 812) que le raisonnement de Pothier prouverait beaucoup trop; si le consentement n'était pas valable ce ne serait pas une action en réduction mais une action en nullité qu'il faudrait donner ici au débiteur de la peine.

Quoi qu'il en soit, l'ancienne jurisprudence était constante dans le sens de Dumoulin et de Pothier : le juge pouvait augmenter et diminuer la peine.

Un instant il fut question dans la commission chargée de la rédaction du projet de Code de conserver l'ancienne jurisprudence, le conseil d'Etat maintint avec raison l'application des vrais principes.

« Les parties intéressées, dit Bigot de Préameneu, « sont les appréciateurs les plus sûrs du dommage qui « peut résulter de l'inexécution de leurs engagements « il faut donc respecter leur volonté. Si l'on donnait « aux juges le pouvoir de diminuer les dommages-« intérêts qu'elles ont fixés, il faudrait aussi leur per-« mettre de les augmenter lorsque la perte du créan-« cier serait supérieure à ce qui a été prévu. Que de-« vient alors la foi des contrats ? »

Le principe de l'art. 1152 est donc bien certain : la

clause pénale est une convention et comme telle il n'est pas permis aux juges, sans violer la loi qu'ont faite les parties, de la modifier.

La jurisprudence est en ce sens :

Dijon 5 *janvier* 1838. (Dalloz, v° Obligations n° 1594 et Vente, n° 1385). Quelque excessive qu'elle paraisse, la peine si elle est encourue doit être maintenue telle qu'elle est.

Voir aussi *Cassat.* 14 *février* 1866. *Dalloz* 1866 1.84. Mais l'art. 1152 n'enlève pas aux juges le droit de décider en fait si la clause pénale est encourue ou non. S'ils estiment qu'il n'y a pas eu inexécution ou qu'elle n'est pas imputable au débiteur, ils peuvent décider que la peine n'est pas encourue.

Lyon 16 *juin* 1832. Dalloz, Alp. v. oblig. n° 833. M. Laurent (tome 16, n° 303) rapporte une espèce assez intéressante : Le conseil d'Etat a été le 4 mai 1854 appelé à statuer dans les circonstances suivantes : (Dalloz, 1855. 9.26.)

Un traité était intervenu entre la ville de Reims et un architecte relativement à des travaux de distribution d'eau pour alimenter des fontaines publiques. Il avait été stipulé que les travaux seraient achevés le 1er juillet 1843 sous peine de dommages-intérêts fixés dans une clause pénale.

Il y eut un retard de deux mois; mais *pouvant provenir*, dit le décret, de ce que l'entrepreneur avait fait les choses trop largement, (il avait établi des machines capables de fournir à la ville des quantités d'eau plus considérables que celles dues.) En définitive le retard tournait à l'avantage de la ville qui profitait de cet excédant.

Le conseil de préfecture saisi de la question décida, conformément à l'art. 1152 que la peine toute entière était due le retard ayant eu lieu. Le conseil d'Etat annula cette décision en se fondant sur ce que la peine n'était pas encourue. Dans cet ordre d'idées le conseil échappait à l'application de la loi ; puisqu'il décidait en fait un point sur lequel il était souverain juge. Nous pensons que cette manière de substituer l'équité à la loi est dangereuse. Si l'on suivait cet exemple dans la pratique il en résulterait que plutôt que d'allouer une peine excessive qu'ils ne pourraient pas réduire (1152) les juges décideraient qu'aucune peine ne serait encourue. On arriverait ainsi à des abus plus grands que ceux qu'on reprochait à l'ancienne jurisprudence.

Nous avons dit qu'il était fait deux dérogations aux principes de 1152 : une dans l'art. 1231 que nous étudierons plus loin, et l'autre en conséquence de la loi du 3 septembre 1807 sur l'usure.

Pothier disait (au n° 346 obligations) que si la stipulation d'une peine avait pour objet de cacher une convention usuraire les juges pouvaient réduire la peine au taux légal. Du temps de Pothier cela était la conséquence du principe général : aujourd'hui la même décision qui doit être maintenue d'après une loi spéciale fait exception au principe.

Cependant certains auteurs proposent de distinguer. Si le montant de la clause pénale excède le taux légal, il pourra résulter des circonstances que cet excès ne peut pas être attribué à une usure déguisée ; alors la peine devra être maintenue telle quelle. (Duranton, vol. 11, n° 342.) En vue d'un pressant besoin d'argent, dans la crainte d'encourir la contrainte par corps, pour exercer en reméré, éviter une expropriation, la condamnation à une clause pénale, le créancier a pu convenir que son débiteur le rembourserait à telle époque sous peine d'une indemnité très-considérable bien supérieure au taux légal. La clause pénale devra être maintenue telle quelle; car on s'explique qu'elle répare ici un autre dommage que celui qui aurait résulté d'un retard ordinaire dans le paiement. Nous n'admettons pas cette opinion qui permettrait de faire brèche aux prescriptions de la loi de 1807. (Colmet de Santerre, tome V, n° 70 bis.)

Revenons maintenant à la deuxième partie de l'article 1229 : elle est la conséquence de la première partie : de ce que la peine tient lieu de l'exécution, il en résulte que le créancier ne peut demander tout à la fois la peine et l'exécution de l'obligation principale, ce serait demander deux fois la même chose ; l'obligation secondaire est sans cause dès que l'obligation primitive est exécutée.

L'art. 1229 fait cependant une réserve : le créancier ne peut demander en même temps le principal et la peine, *à moins qu'elle n'ait été stipulée pour le simple retard.*

Nous croyons que dans ce cas même il n'y a pas une exception au principe, et nous raisonnons à peu près comme le fait Pothier au n° 348 des obligations : dans le cas où la peine a été stipulée pour le simple retard, elle tient lieu d'un dommage spécial, le retard ; et si l'exécution de l'obligation a eu lieu, mais après le temps fixé, on ne peut pas dire vraiment que le créancier, en obtenant cette exécution tardive et en obtenant en même temps la peine encourue par le retard, aura à la fois le principal et la peine : et on pourra raisonner ainsi dans tous les cas où l'on pourra dire, dans le même sens abusif de l'art. 1229, que les partis ont voulu le cumul.

En réalité, et à regarder les choses de près, il n'y a jamais et il ne peut jamais y avoir cumul.

Comme les conventions sont libres, les parties pourront stipuler telles clauses pénales qu'elles voudront, en ayant en vue un côté quelconque de l'exécution de l'obligation; le créancier, s'il demande l'exécution de l'obligation ou des dommages-intérêts sur les autres points de l'exécution que n'a point prévus la clause pénale, ne contreviendra pas à l'art. 1152 et à l'art. 1229. Les juges devront allouer autant d'indemnités qu'il y aura de causes d'indemnité, et par cela même qu'une clause pénale aura prévu une de ces causes, le créancier n'a pas perdu le droit d'agir en vertu des autres causes; il n'a perdu que le droit d'obtenir à la fois la peine et l'exécution spéciale dont la peine tenait lieu dans l'intention des parties.

Par exemple : Si j'ai vendu un immeuble en stipulant que une indemnité me sera due à titre de peine pour le préjudice que m'occasionnera la résolution du contrat faute de paiement du prix : je n'aurai pas moins le droit de demander des dommages-intérêts à mon acheteur si, rentré en possession de mon immeuble, après la résolution du contrat, je trouve qu'il a été dégradé, détérioré par l'acheteur,

La condition de la clause pénale était dans cette hypothèse la résolution prononcée à défaut de paiement du prix; les dégradations sout une cause nouvelle et distincte de dommages-intérêts.

Pothier, aux n°s 149 et suivants du contrat de vente, s'occupe des clauses qui remplacent en droit français la *stipulatio duplæ* de la vente romaine et par lesquelles le vendeur s'engage à rendre en cas d'éviction à l'acheteur sur le prix une certaine portion du prix en sus. Il applique à ces clauses la décision de notre art. 1152 : avec quelques exceptions qu'il énumère au n° 151 et qui trouvent ici leur place :

Pothier observe et cela est vrai encore aujourd'hui que l'on devrait exécuter la convention par laquelle le vendeur s'obligeait à payer en cas directs le tiers en sus du prix *sans préjudice de plus grands dommages-intérêts s'il y échet...* dans ce cas, on ne contreviendrait pas à l'art. 1152 et à l'art. 1229 en accordant, s'il y avait lieu, des dommages-intérêts au créancier en sus de la clause pénale.

Un arrêt de cass. de la Ch. des req. du 8 mai 1833 (Dalloz, V. Arbitrage, n° 1150) a décidé que, si certaines obligations d'un traité n'ont pas été sanctionnées par une clause pénale, les juges conservent le droit d'allouer des dommages-intérêts à raison d'inexécution d'autres chefs du même traité, inexécution non prévue et non sanctionnée par des clauses pénales.

Ce n'est pas toucher à la clause pénale que de régler des dommages-intérêts avec lesquels elle ne fait pas double emploi (cass. rejet 17 février 1820, Dalloz, v. oblig. n° 1618. Rejet Ch. civile, cass. 27 juin 1859, Dalloz, 1859, 1, 259).

Il pourra arriver que,pour la même obligation, deux clauses pénales soient stipulées, l'une *moratoire* tenant lieu des dommages-intérêts provenant du retard seul dans l'exécution, l'autre *compensatoire* tenant lieu de dommages-intérêts provenant de l'exécution même de l'obligation.

Il n'est donc vraiment pas exact de dire que la clause pénale moratoire peut être exigée en même temps que l'obligation principale car, par rapport à cette clause, l'obligation principale; consiste à ne mettre aucun retard dans l'exécution de l'obligation.

La question sera de savoir et d'établir d'après les circonstances quel dommage on a pensé réparer par la clause pénale; s'il apparaît, d'après le chiffre même de la somme stipulée à titre de peine, qu'il s'agit d'une peine moratoire, on appliquera l'art. 1229, 2°. (Arrêt de rejet, cass. 27 avril 1840, Dalloz, oblig. n° 692.) (cassation, 4 juin 1860, aff. Mendouse). Disons en terminant que la convention peut porter que la clause pénale sera due *pour tous dommages-intérêts*, alors le juge perd le droit de rechercher s'il existe d'autres causes de dommages-intérêts et d'en allouer en dehors de la clause pénale.

Question sur la transaction. — Il s'est élevé en droit français à propos de la clause pénale adjointe à une transaction (art. 2047) les mêmes difficultés et controverses que nous avons examinées en droit romain au même sujet : la question est de savoir si le droit commun, résultant de 1229 2°, s'applique a la transaction ou si la transaction suit des règles spéciales.

L'art. 2047 est conçu dans des termes qui ne décident pas la question : « *On peut ajouter à une transaction la stipulation d'une peine contre celui qui manquera de l'exécuter.* »

On a dit (voir Toullier, tome 6, n°s 830 et suiv.) « que « la convention : que la peine sera due sans préjudice « de l'exécution de la transaction, est simplicitement « contenue dans la clause pénale ajoutée à une transac- « tion ; que la peine est stipulée, non pas comme com- « pensation des dommages-intérêts qui pourraient ré « sulter de l'inexécution absolu de la transaction, mais « comme une indemnité des embarras, des frais et des « inquiétudes que cause la nécessité de soutenir un « procès qu'on avait voulu prévenir. »

Interprèter ainsi le silence des parties, tirer cette conséquence de la seule adjonction d'une peine à la transaction, c'est, comme l'a fait justement remarquer M. Demolombe, créer une présomption légale en l'absence de texte.

On a dit qu'on ne pouvait raisonnablement expliquer sans cela la rédaction et l'existence même de l'article 2047, qui s'il ne veut pas dire cela n'a, pas de sens et d'utilité, puis qu'il n'est qu'une répétition d'une vérité naïve. Nous trouvons dans beaucoup d'articles du Code des allusions de ce genre à des principes connus : cette objection n'a pas de force.

On peut même tirer des termes de l'art. 2047 un argument contraire : Dire qu'on peut ajouter à une transaction une peine *contre celui qui manquera de l'exécuter* n'est-ce pas dire *que la peine n'est due qu'à défaut d'exécution*, et confirmer ce qui est écrit dans l'art. 1229 second alinéa ? *Manquer d'exécuter une transaction* c'est, dans le sens le plus naturel des mots, *inexécuter absolument*, plutôt qu'élever une simple difficulté, une contestation même mal fondée.

Sans doute, si les parties ont voulu que la peine représentât le préjudice moral qu'éprouve la partie qui ne jouit pas de la tranquillité qu'elle croyait s'être assurée par la transaction, la convention sera observée, et dans ce cas il n'y aura pas double emploi, cumul, entre la peine et le maintien de la transaction si l'on fait de ce maintien l'obligation principale.

Mais rien n'autorise une pareille interprétation toujours et quand même.

On ne trouve à vrai dire dans les travaux préparatoires aucun argument ; des opinions émises, il résulterait plutôt une impression favorable à notre système qui est celui du droit commun.

Dans son rapport au tribunat Albisson s'exprime ainsi au nom de la section de législation : « La transac-
« tion comme les autres contrats en général, est suscep-
« tible de la stipulation d'une peine contre celui qui
« manquera de l'exécuter. Cette stipulation a ses règles

« particulières relativement à son exécution et ces « règles *sont expliquées avec soin dans la section VI* du « chapitre III *de la loi sur les contrats.* »

Et l'orateur du tribunat, Gillet, d'une manière moins explicite : « *Toute contravention peut* être garantie par « les peines que les parties stipulent. *La transaction est « susceptible aussi des clauses pénales.* » Fenet, tom. XV, p. 116, 117, 126.

Il semble bien résulter de tout cela que la transaction ne suit pas des règles spéciales et que la règle générale de l'art. 1229 doit s'y appliquer.

Comme nous l'avons vu en droit Romain une clause pénale adjointe à une transaction peut intervenir de deux façons :

Ou bien elle viendra garantir que la transaction sera exécutée, ou bien elle servira à garantir une obligation nouvelle, née de la transaction, en supposant le droit litigieux éteint complètement.

Cette seconde hypothèse ne nous intéresse pas; elle rentre évidemment dans le droit commun.

Dans la première hypothèse point de difficulté non plus si des expressions employées il résulte, comme nous l'avons vu en droit Romain sur la clause *Rato manente pacto*, la preuve que le cumul a été voulu ou plutôt (puisqu'au fond nous n'admettons pas qu'il y ait jamais à proprement parler cumul) que, par rapport à la peine, l'obligation principale correspondante n'est pas l'exécution absolue du pacte, son maintien, mais seulement le respect de la convention manifesté par l'abstention la plus complète de toute résistance de toute action si inutile qu'elle doive être en définitive.

Mais où la difficulté peut naître, c'est quand il est impossible de saisir, dans les termes employés, dans les circonstances qui ont accompagné la convention, la véritable intention des parties ; par exemple si la peine a été promise *au cas d'inexécution de l'obligation*, expression générale de l'art. 1229 (1re partie).

Nous disons que dans le doute la seconde partie de l'art. 1229 doit s'appliquer. C'est un axiome de tous les temps reproduit dans l'art. 1162 que dans le doute la convention s'interprète contre celui qui a stipulé.

M. Delvincourt donne, sur les deux hypothèses dans lesquelles la clause pénale peut intervenir après une transaction, quelques règles d'appréciation très-raisonnables :

« Si tout est fini, dit-il, par la transaction de manière « qu'il n'y ait rien à faire, rien à exécuter par aucune « des parties et que cependant il y ait une peine de sti- « pulée, l'on présumera que les parties ont voulu pré- « venir tout procès, et dès qu'il en a existé un, la peine « est encourue quand même le débiteur serait débouté. « Mais si la transaction portait aussi obligation de la « part des parties ou de l'une d'elles de donner ou de « faire quelque chose l'on présumera que la peine n'a « été stipulée que pour le cas ou les choses promises « ne seraient pas exécutées, et en conséquence si la « partie, qui a intérêt à ce que l'obligation soit exécu- « tée, en poursuit et obtient l'exécution, elle ne pourra « exiger la peine. »

Dans l'appréciation du juge il sera tenu compte du montant de la peine comparativement à la valeur de l'objet sur lequel on a transigé ; s'il y a presque équivalence on en induira que l'obligation principale correspondante à la peine était l'exécution entière de la transaction; si la peine est bien inégale on présumera que l'obligation principale était la garantie de tout procès.

On interrogera avec soin les termes de la convention.

Ce qui a pu contribuer, nous l'avons dit en droit romain, à propager l'erreur de l'opinion de Toullier c'est que par la nature même du contrat de transaction, convention très favorable à laquelle la loi accorde l'autorité de la chose jugée en dernier ressort (article 2052) et dont l'objet principal est de prévenir et d'éteindre les procès, il arrivera souvent en fait que l'intention des parties sera de faire dépendre la peine de la seule condition d'un procès, de garantir chaque partie contre le trouble que la reprise de l'action pourrait lui occasionner : qu'on fasse l'exception aussi large qu'on le voudra, le principe n'en subsistera pas moins.

Pour nous, nous le redisons, nous ne comprenons pas que la question sur la transaction que nous venons d'examiner, puisse se poser dans ces termes : en matière de transaction la peine se cumule-t-elle avec le principal ?

Il ne peut jamais y avoir cumul entre le principal et la peine et l'exception que fait l'art. 1229 deuxième alinéa « *à moins qu'elle n'ait été stipulée par le simple re-*

tard » n'est pas une exception si l'on veut y regarder de près. Ceci dit et admis, la controverse que nous avons exposée sur la transaction n'a plus raison d'être; tout se réduit à des questions de fait. La clause pénale a-t-elle eu pour objet d'indemniser le créancier du dommage que pourrait lui causer la révision de l'acte, ou seulement de lui éviter les ennuis d'un procès? Tout est là, comme le remarquent avec raison MM. Aubry et Rau (Tome 3. p. 485 n° 121 note 12.)

Pothier avait dit le dernier mot sur ce sujet dans le n° 348 des obligations.

Ainsi donc le retard dans l'exécution d'une obligation, la reprise d'un procès, même perdu d'avance, après une transaction constituent un dommage que l'exécution de l'obligation, le maintien de la transaction ne compensent pas ; on comprend donc que la partie qui aura éprouvé ce préjudice spécial demande la peine correspondante quand cela aura été convenu, et tienne en même temps la main à l'exécution de l'obligation, sans qu'on puisse dire qu'elle contreviendra aux prescriptions du droit commun et de l'art. 1229 deuxième partie.

Une clause pénale se trouvera souvent stipulée après un *compromis* : au lieu de se faire elles-mêmes juges de leurs contestations, comme dans la transaction, les parties peuvent s'en rapporter à la décision de personnes de leur choix, d'arbitres. L'acte qui confère ces pouvoirs et les détermine est un compromis. Il arrivera le plus souvent qu'une peine sera stipulée dans cet acte contre celle des parties qui n'obéira pas à la sentence arbitrale (voir Merlin quest. v° Peine compromissoire, et Toullier vol. VI. n° 820 et s.) Nous donnerons dans cette hypothèse la même solution qu'à propos de la transaction et par les mêmes raisons.

Deux questions nous resteut à examiner, une sur la transaction, l'autre sur le compromis à propos de la clause pénale.

Il est bien évident que si une transaction est nulle, la clause pénale ajoutée sera nulle (1227), de même pour le compromis; et que la partie qui fera tomber la transaction ou le compromis par cette action en nullité ne devra aucune peine.

Mais si le demandeur en nullité perd son procès, si la transaction est maintenue, la peine stipulée contre celui qui l'attaquerait sera encourue (à moins peut-être qu'il ne fût de bonne foi et qu'il n'exécutât ensuite la transaction). Mais faut-il aller jusqu'à dire qu'avant de demander la nullité du contrat, le demandeur devra payer la peine et ne pourra plaider avant?

Toullier n° 833 l'a soutenu et de même M. Troplong (traité des transactions). Nous ne pouvons souscrire à cette solution. Si le demandeur gagne son procès, la peine n'a jamais été due; il faut donc attendre l'issue du procès pour savoir si la condition de la peine s'est réalisée ou non.

Quelque chose d'analogue a lieu pour la peine du compromis. Le compromis comme la transaction n'a pas la force de la chose jugée en dernier ressort, la sentence arbitrale peut être modifiée par l'appel. Si onc une peine a été stipulée contre celui qui manquerait d'exécuter le compromis, la partie qui interjette appel de la sentence arbitrale doit-elle payer *préalablement* la peine ?

Nous croyons avec Toullier et M. Larombière qu'il faut ici répondre affirmativement : sans doute la partie a le droit d'interjeter appel ; mais alors elle n'exécute pas la sentence arbitrale et la peine est encourue car l'appel a fait réaliser la condition sous laquelle elle avait été promise. Dès lors, n'étant point exposée si elle triomphe sur son appel à rejeter la peine qu'elle aura payée, puisqu'elle est définitivement encourue, on ne comprendrait pas que la partie appelante ne dût préalablement s'acquitter et que son adversaire ne pût l'y contraindre.

Toullier s'appuie sur les termes d'une ordonnance de 1560 qui avait décidé que nul ne devait être reçu appelant d'une sentence arbitrale, à moins qu'il n'eût préalablement payé la peine *sans espérance d'icelle recouvrer*.

Nous croyons avec Merlin (V° peine compromissoire § 2 Questions de droit) que cette ordonnance n'est plus en vigueur, mais nous admettons avec lui qu'elle est remplacée en ce qui concerne notre objet par l'article 1134 et que la peine doit être payée parce que telle a été la volonté des parties.

Toutefois nous croyons, contrairement à Toullier, que la validité de l'appel ne dépendra pas du paiement préalable de la peine ; à moins que les parties ne l'aient entendu ainsi.

Quel peut être le montant de la peine ?

Nous avons vu sur l'art. 1152 que le juge n'a pas le droit de modifier le *quantum* de la peine une fois qu'il a reconnu qu'elle était encourue. Ou pas de peine du tout ou toute la peine ! C'est la conséquence de l'art. 1134 : la volonté des parties fait loi.

Toutefois en combinant cette idée avec celle de 1229, qui dit que la peine est la représentation des dommages intérêts et que le créancier ne peut obtenir à la fois le principal et la peine, on est obligé de reconnaître que, si le débiteur s'est exécuté pour parties, il peut être juste de lui faire remise d'une partie corrélative de la peine. On comprend que notre Code ait adopté avec les idées de Dumoulin ce principe qu'il formule ainsi dans son traité de divid. et indiv. (p. 3 n° 112) ; « *In omnibus sive individuis sive dividuis pæna* « *non com mittitur, nisi pro parte contraventionis effica-* « *cis, nec potest exigi cum principali sed creditor non te-* « *netur partem principalis et partem pænæ accipere.* »

C'est ce que dit l'art. 1231 : « *La peine peut être mo-* « *difiée par le juge lorsque l'obligation principale a été* « *exécutée en partie.* »

Il faut rapprocher de l'art. 1231 l'art. 1244 « *le dé-* « *biteur ne peut forcer le créancier à recevoir le paiement* « *d'une dette même divisible.* »

Certainement le débiteur qui aura exécuté une

partie de son obligation principale ne pourra pas donner une partie de la peine et s'acquitter ainsi.

Mais il peut se faire que le créancier reçoive volontairement une partie de la dette principale : il en a le droit. Dans ce cas bien que, comme le dit Pothier (n° 350 oblig.) la peine puisse, en droit pur, être due pour le total (à cause du principe de l'indivisibilité de la condition); néanmoins en pratique on trouve équitable qu'elle ne le soit que pour la même part qui reste à acquitter de l'obligation principale. C'est une conséquence de l'idée de Pothier, qui n'est plus vraie aujourd'hui, que la peine est la *compensation* des dommages-intérêts résultant de l'inexécution.

Le Code n'admet pas cette conséquence d'une manière absolue; toutefois il transige pour ainsi dire sur ce point et nous trouvons là un nouvel exemple du caractère mixte que les rédacteurs du Code ont reconnu à la clause pénale.

Pothier présente comme un droit pour le débiteur ce que l'art. 1231 présente comme une faculté pour le juge.

Autrefois si l'obligation principale avait été exécutée en partie, si volontairement le créancier avait reçu partie de la dette, le juge était obligé de réduire la peine proportionnellement ; aujourd'hui le juge estimera suivant les circonstances s'il doit maintenir entière ou réduire la peine. Il devra se demander si l'exécution partielle n'a atteint dans aucune mesure le but que les parties s'étaient proposé en stipulant une peine ; ou bien si elle l'a atteint dans une certaine mesure : Je conviens que vous me livrerez une maison prête à être habitée pour telle époque sous peine de me payer le montant d'une clause pénale. A l'époque convenue il n'y a qu'un étage de construit sur deux qu'il devait y avoir. La peine est encourue pour le tout. (Toullier, vol. VI, n° 859.)

Pothier au n° 350 donne l'exemple suivant : « En « me vendant une métairie dénuée de bestiaux vous « vous êtes obligé de me fournir deux paires de bœufs « à peine de 500 livres de dommages et intérêts au cas « que vous manqueriez de me les fournir ; vous ne « pourrez pas dans cette espèce m'obliger à recevoir « une paire de bœufs, n'étant pas obligé de recevoir « pour partie ce qui m'est dû ; mais si j'ai volontaire- « ment reçu une des paires de bœufs, faute par vous « de me fournir l'autre paire, je ne pourrai vous « demander que la moitié de la peine, car ayant reçu « une partie de ce qui faisait l'objet de l'obligation prin- « cipale, je ne puis avoir la peine entière ne pouvant « avoir l'une et l'autre. »

S'il s'agissait d'un canal de 100 mètres à creuser sous une clause pénale de 1,000 francs et si 50 mètres seulement avaient été creusés, il ne serait dû que 500 fr. sur la peine.

Nous prenons cet exemple à M. Demolombe (Voir aussi M. Colmet de Santerre, t. 5, 168 *bis* II).

M. Laurent (t. XVII, n° 454) dit qu'il n'est pas possible de donner sur ce point d'exemples certains parce que dans la même espèce tout dépend de l'intention des parties. Cela est vrai, mais nous croyons qu'il exagère en critiquant les exemples de Pothier et de M. Demolombe. Un ouvrage à faire, uncanal à creuser est quelque chose d'aussi indivisible, dit-il, qu'un voyage à effectuer que M. Demolombe avoue être indivisible. Si les parties ont entendu que le canal à creuser de 100 mètres serait un ouvrage indivisible, elles auront sans doute stipulé que la clause pénale toute entière serait due même au cas d'exécution partielle. Mais si elles n'ont rien dit, l'art. 1231 s'appliquera et dans l'espèce le juge diminuera la peine parce qu'on ne peut pas dire que le créancier n'a pas obtenu une partie des avantages que la clause pénale avait pour but de lui assurer.

Que l'obligation principale soit divisible ou indivisible, il suffit, pour que l'art. 1231 puisse s'appliquer, que le créancier ait obtenu quelque avantage. Pothier montre que ce résultat sera possible même lorsque l'obligation principale consistera dans l'exercice d'un droit indivisible tel que celui d'une servitude de passage : Il suppose (au n° 352 de ses Obligations) que le propriétaire d'un fonds a obtenu de son voisin l'établissement d'une servitude qui consiste dans le transport de sa récolte pendant la vendange sur le fonds de ce voisin. Cette servitude a été établie sous une clause pénale de 100 écus en cas d'opposition à l'exercice du droit de passage.

« Dans cette espèce, dit Pothier, si après avoir « laissé passer la moitié de ma vendange, vous avez « empêché le transport du surplus par votre héritage ; « vous n'avez encouru la peine de cent écus que pour

« moitié, car quoique la servitude de passage soit in-
« divisible et l'obligation de souffrir l'exercice de cette « servitude soit l'obligation de quelque chose d'indi- « visible, néanmoins comme cette servitude est limitée « à une fin, qui est le transport de ma vendange, et « que ma vendange est quelque chose de divisible, *on* « *ne peut disconvenir que j'ai joui en partie.* »

A moins que les parties n'aient déterminé expressément le mode de réduction, ou qu'il paraisse aux juges qu'elles ont entendu qu'il aurait lieu différemment, en général l'application de 1231 se fera en diminuant le chiffre de la peine dans la proportion de l'exécution partielle ; si l'exécution a eu lieu pour un tiers, pour moitié, la peine sera diminuée d'un tiers ou de moitié (arrêt de cass. 4 juin 1860 aff. Mendouse. Dalloz 1860. 1. 257).

Pothier (dans le n° 354) s'occupe de l'hypothèse où c'est non plus l'obligation principale mais la peine qui consiste en quelque chose d'indivisible, et il décide avec raison que le même principe doit s'appliquer. Disons tout d'abord que dans ce cas le juge n'aura souvent pas la faculté de l'art. 1231, parce que, en stipulant une chose indivisible à titre de peine, les parties auront souvent montré qu'elles entendaient enlever aux juges le droit de diminuer la peine. Mais si cela n'est pas prouvé pour le juge il pourra tenir compte de l'exécution partielle et il aura pour cela deux moyens :

Il pourra d'abord faire une estimation en argent de la peine ; et le créancier en l'exigeant toute entière offrira de tenir compte de la portion de cette somme qui correspondra à la portion exécutée de l'obligation. C'est le moyen qu'indique Pothier et c'est la manière d'opérer la plus conforme à l'esprit de l'art. 1231. Le juge pourra ainsi faire restituer au créancier ce qu'il aura reçu à titre d'à-compte sur le principal ou la valeur et à cette condition seulement il permettra de demander la peine.

Mais, ne l'oublions pas, tout cela n'est pas obligatoire pour le juge ; s'il estime que, malgré une exécution partielle et même des avantages reçus, toute la peine n'en est pas moins due, il la maintiendra entière à la charge du débiteur.

Cependant s'il arrivait qu'après avoir obtenu une partie de l'exécution le créancier ne pouvait obtenir le reste, et en était réduit à demander la résolution du contrat, il pourrait réclamer la peine entière (cass. 2 décembre 1856. Lagarde, Dall. 1856. 1.443.)

Disons pour terminer sur l'art. 1231 que les parties sont libres de convenir que toute la peine sera due même au cas d'exécution partielle, enlevant ainsi aux juges le pouvoir que leur donne l'art. 1231. Il n'y a rien dans une pareille convention qui soit contraire aux lois ni à l'ordre public. L'art. 1231 n'est pas applicable à la peine qui a pour objet le retard du débiteur : cette peine ne peut être modifiée.

C'est ce que décide le même arrêt de cassation du 4 *juin* 1860. *Mendouse* (Dalloz 1860. 1.257.) :

Il s'agissait d'une fourniture de 16,000 traverses de chemin de fer et les parties par une clause avait prévu d'avance dans le traité le cas d'exécution partielle et réglé l'indemnité à payer par l'entrepreneur.

La Cour oubliant cette stipulation avait résilié le traité. Elle avait accordé à la Compagnie des dommages-intérêts moindres que ceux fixés par la clause pénale en se fondant sur l'art. 1231. La Cour de cassation cassa et à bon droit l'arrêt comme ayant violé l'art. 1134 et la convention des parties.

L'art. 1231 s'applique aussi bien à la peine prononcée par le juge qu'à la peine stipulée par les parties. (Cass. Req. 1er avril 1813. (Lecoudier de Saint-Blaise contre Godart) Dalloz, v. oblig. n° 1620.)

Enfin ce qui est décidé pour le cas d'exécution partielle doit être étendu au cas où l'annulation partielle de l'obligation principale permet de la considérer comme exécutée pour la partie sur laquelle le juge a fait porter les effets de l'annulation :

(Cass. Req, 7 janvier 1867. Dall. 67. 1.443.)

(Voir renvoi du 10 janvier 1861, Dalloz 61. 2.33.)

Quand un dommage a été causé (il ne s'agit plus ici d'un dommage futur mais passé) soit pour inexécution d'une convention (1142) soit autrement (1382) et que les parties intéressées en ont fait entre elles le règlement, les tribunaux appelés à faire maintenir cette convention ne peuvent la modifier ; le dommage a été estimé, jugé par les parties elles-mêmes et leur décision fait loi. Il ne s'agit plus là d'une clause pénale et les tribunaux n'ont plus le droit d'apprécier si la peine est encourue ou non. Toutefois ils pourront décider que la convention portant réglement de l'indemnité est entachée de nullité (absence de consentement, de cause licite, etc.) C'est ainsi que peut s'expliquer un arrêt de la cour de Nîmes du 17 décembre 1849 (Dalloz, 1852, 2.62.)

TROISIÈME PARTIE

A PARTIR DE QUEL MOMENT LA PEINE EST-ELLE DUE ? ET COMMENT EST-ELLE DUE ?

L'art. 1230 répond à la première question. Il s'exprime ainsi :

« *Soit que l'obligation primitive contienne, soit qu'elle ne contienne pas un terme dans lequel elle doive être accomplie, la peine n'est encourue que lorsque celui qui s'est obligé soit à livrer, soit à prendre, soit à faire est en demeure..* »

Nous trouvons là copié presque textuellement l'avant-dernier alinéa du n° 349 du traité des obligations de Pothier : « *Selon nos usages*, dit-il, *soit que l'obligation primitive contienne un terme dans lequel elle doive être accomplie, soit qu'elle n'en contienne aucun*, il faut ordinairement.... »

Les auteurs s'accordent à faire remarquer sur la fin

de l'art 1230 (*soit à prendre*) que c'est la première fois qu'il est question dans le code de l'obligation *de prendre*. L'art. 1637 fait allusion à cette obligation de prendre, qui n'est autre chose qu'une variété de l'obligation de faire, quand il décide qu'en matière de vente de denrées et objets mobiliers la résolution de la vente a lieu de plein droit et sans sommation, c'est-à-dire sans mise en demeure, après l'expiration du terme convenu pour le *retirement*. Supposons qu'il soit convenu entre les parties que le créancier devra aller chercher chez le débiteur la chose qui fait l'objet de l'obligation, prendre livraison à un certain moment, parce que le débiteur a intérêt à avoir ses magasins libres : voilà une obligation de prendre.

On comprend que le débiteur puisse stipuler une peine, faute par le créancier de retirer la chose dans un certain délai; dans ce cas la peine sera due aussitôt le délai expiré sans autre mise en demeure.

L'art. 1230 n'est en somme qu'une conséquence des principes des art. 1152, 1229 premier alinéa, et 1146.

Du moment que la peine n'est autre chose que le règlement conventionnel des dommages-intérêts, les principes des art. 1139 et 1146 s'y appliquent.

Le droit romain distinguait la peine des dommages-intérêts ; pour lui, elle n'était pas principalement la réparation du dommage, elle constituait l'objet d'une obligation distincte, la *stipulatio pœnæ*, dont le caractère était d'être conditionnelle. Aussi les règles de la demeure, que les Romains appliquaient comme nous en matière de dommages-intérêts, ils ne les suivaient pas en matière de stipulation pénale; quand il s'agissait de dommages-intérêts, ils admettaient, comme nous, qu'il fallait que le débiteur fût en demeure (*in mora*), c'est-à-dire dans un état de retard à lui imputable; et ils n'admettaient pas plus que nous, que la seule échéance du terme constituât en demeure (*dies interpellat pro homine*). Il fallait une *interpellatio*. Quand il s'agissait d'une *pœna*, au contraire, ils disaient que la seule échéance faisait encourir la peine; non pas parce qu'elle constituait le débiteur en demeure, mais parce qu'elle faisait accomplir la condition. Ils distinguaient suivant que l'obligation à laquelle était adjointe la *stipulatio pœnæ* était à terme ou sans terme; dans le premier cas, la peine était due de plein droit à l'expiration du terme, et il n'y avait pas besoin d'interpellation, puisqu'il ne s'agissait que de l'accomplissement d'une condition. Dans le deuxième cas, ils faisaient des distinctions, et il s'était élevé des controverses que nous avons fait connaître, sur la loi 115, D., *De verb. oblig*.

Dans l'ancienne jurisprudence française, on a cru suivre le droit romain en appliquent à la clause pénale le principe de la demeure dans les dommages-intérêts.

On a maintenu la distinction suivant que l'obligation primitive contient ou ne contient pas un terme, et cela sans intérêt, puisque la solution donnée était la même dans les deux cas.

De Pothier ces irrégularités sont passées dans notre Code.

Pothier aussi (349, *Des oblig.*) admettait que, pour donner ouverture à la peine, il fallait mise en demeure du débiteur, et selon les principes de l'ancienne jurisprudence, soit qu'il s'agît de dommages-intérêts, soit qu'il s'agît d'une clause pénale, la demeure résultait « ordinairement (Pothier, *Oblig.*, n° 146,) d'une « interpellation faite par une demande en justice. » On n'exceptait que deux hypothèses : celle où la chose que le débiteur s'était obligée à faire ne pouvait être faite utilement que dans un certain temps, qu'il avait laissé passer (Pothier, *Oblig.*, n° 147), et celle où il s'agissait d'une obligation de ne pas faire, et où la seule contravention du débiteur le mettait en demeure (Pothier, *Oblig.*, n°s 148 et 347).

Le Code civil a confondu, comme l'ancien droit, les règles de la clause pénale avec celles des dommages-intérêts; pour lui, la clause pénale est, avant tout, une obligation accessoire et la représentation, l'estimation des dommages-intérêts. Pour que la peine soit encourue, comme pour que des dommages-intérêts soient dus, il faut que le débiteur soit en demeure.

C'est donc aux principes généraux sur la demeure (art. 1139 et 1145, 1146, etc.) qu'il faudra, dans la section VI des obligations avec clause pénale, se référer, lorsque les dispositions spéciales feront défaut. Par exemple : l'art. 1230 ne parlant pas de l'obligation de ne pas faire, on y suppléera par l'art. 1145. Il faut appliquer à l'art. 1230 l'exception qui se trouve à la fin de 1146. Le tribunal de commerce de Paris a jugé, le 2 mars 1831 (Dalloz, A. oblig., n° 1615 et 179) que l'acteur qui, sans justifier de son état de maladie, refuse de jouer, doit être condamné à payer la somme convenue en prévision de ce refus dans l'engagement de cet acteur.

Mais le Code civil n'a pas, dans l'art. 1139, maintenu la nécessité d'une interpellation faite par une demande en justice pour la mise en demeure, principe de l'ancien droit. Désormais il suffit *d'une sommation* ou *autre acte équivalent*; c'est exiger moins qu'autrefois. Toutefois, lorsqu'il s'agit d'une obligation de payer une somme d'argent, c'est à partir seulement de la demande en justice que le débiteur sera en demeure (1153).

D'autre part, le Code admet les deux exceptions que l'ancien droit faisait et la nécessité d'une interpellation (1146 *in fine*, et 1145); mais, de plus, maintenant quelque chose du droit romain (voir Duranton, 11, n° 353), que pourtant il aurait dû complètement abandonner car son point de vue n'est pas le même, il admet (art. 1139) que la demeure peut résulter « de la « seule échéance du terme, et sans qu'il soit besoin « d'acte, » lorsque cela aura été ainsi convenu. (Paris, 26 août 1858, Dal., 1860, 5, 381).

L'ancien droit n'aurait pas admis que la demeure pût résulter d'une semblable convention. Autrefois pareille clause aurait été purement *comminatoire*. La loi 12, au Code *de contrah , vel committ. stipulat.*, décidait qu'une pareille convention était valable. Le Code, entraîné par le souvenir du droit romain et par le principe de l'article 1134, qui domine chez nous la matière des obligations, a donc innové à l'ancien droit sur ce point.

Nous avons dit qu'on suivait, pour la clause pénale, le principe de la demeure pour les dommages-intérêts; il ne faut pas oublier l'art. 1152 : Pour que des dommages intérêts soient dus (art. 1146), il faut que le débiteur soit en demeure, mais il faut que la demeure soit imputable au débiteur (art. 1148) et que le créancier ait subi un préjudice (1149); or, nous savons que la clause pénale peut être due, même sans préjudice pour le créancier (1152).

Bien que la demeure ne résulte pas de l'échéance du terme, dans notre droit, il faudra cependant attendre que le terme soit expiré pour que la mise en demeure soit possible; et il ne suffira pas d'avoir la certitude que le débiteur ne pourra pas s'acquitter, dans le délai fixé ni même à aucune époque, de son obligation principale.

Nous avons vu que le Code est plus facile que l'ancien droit pour la mise en demeure ; la jurisprudence paraît disposée à étendre les dérogations aux art. 1146, 1139 et 1230 sur la nécessité et la forme de la mise en demeure.

Nous en trouvons la preuve dans un arrêt de rejet de la Cour de cassation du 28 février 1865 aff. Poëq. (Dalloz 1865. 1, 420.) Comparer rejet du 28 janvier 1874, (Dalloz 1874, t. 387.) Dans l'espèce un débiteur avait expressément renoncé à exécuter la convention et s'y était refusé de telle sorte qu'il s'était constitué pour ainsi dire lui-même en demeure et en demeure imputable puisqu'il avait déclaré *ne pas vouloir* remplir son engagement. La Cour a décidé que la peine était due, bien qu'on n'eut pas obéi à l'art. 1139 exigeant une sommation ou un autre acte équivalent.

Nous accordons que dans l'espèce cet arrêt peut se justifier : on comprend la nécessité de la mise en demeure, quand il s'agit de donner ou de faire, parce que le débiteur peut croire à la complaisance de son créancier et que la négligence qu'il met à s'acquitter ne suppose pas sa volonté d'échapper à l'engagement ; au contraire si le débiteur refuse absolument d'exécuter son obligation et a la mauvaise foi de dire que c'est parce qu'il ne veut pas, non parce qu'il ne peut pas, il ne peut prétendre qu'il a cru à la tolérance du créancier ; et dans ce cas, comme dans celui de l'article 1145, on comprend que la mise en demeure soit inutile parce qu'elle résulte de la contravention même (Colmet de Santerre, vol. V. n° 62 bis.)

La Cour s'est fondée sur ce que l'art. 1230 était sans application au cas où le créancier se plaint, non du retard mais de l'impossibilité de l'exécution. C'est ce qu'il faut prouver. L'art. 1145 ne s'applique pas dans l'espèce et les art. 1146 et 1139, dont 1230 n'est que la reproduction, sont généraux. La décision de la Cour est fondée en fait, en équité, non en droit; et la tendance qu'elle manifeste est dangereuse M. Laurent qui rapporte l'arrêt dit qu'il aurait dû se fonder sur l'art. 1139. Si nous saisissons bien ses motifs, c'est que la reconnaissance faite par le débiteur est, aux termes de l'article 1139, un *acte équivalent* à la sommation.

L'acte équivalent de l'art. 1139, tous les auteurs sont d'accord sur ce point, est d'abord et *a fortiori* la demande en justice ou la citation en conciliation suivie dans le mois d'une demande en justice, ensuite le commandement.

Il s'agit dans tous les cas d'un acte *par écrit*.

Des auteurs (Toullier vol. VI. n° 253) admettent que la reconnaissance par le débiteur, faite dans un acte authentique ou dans un acte sous seing-privé suivant l'art. 1322, et contenant l'aveu qu'une interpellation verbale lui aurait été faite, suffit pour le mettre en demeure ; que c'est un acte équivalent dans le sens de l'art. 1139.

En admettant même cette extension nous croyons qu'on ne peut dire la même chose de la reconnaissance intervenue dans l'espèce de l'arrêt précité.

« On tenait autrefois pour maxime que dans tous les « cas où il faut une sommation pour constituer l'adver- « saire en demeure une interpellation verbale ne « produisait aucun effet et que la preuve par témoins « n'en devait pas être reçue. » (Toullier, t. IV, n° 253.) Nous pensons qu'il en doit être encore de même aujourd'hui.

L'art. 1139 ne se prête pas à cette interprétation. On comprend que le but de la loi sera manqué. On en arrivera à faire résulter la demeure d'un avertissement oral ou d'un écrit ayant un caractère privé, d'une simple correspondance comme cela a été jugé en Belgique, dit M. Laurent (t. XVII. n° 437).

Ce que la loi veut c'est que le débiteur soit averti

très-énergiquement par un acte qui ne lui permette plus de se faire d'illusion et de s'endormir dans une fausse confiance. L'art. 1139 est une mesure de protection pour le débiteur et l'on n'a pas le droit de diminuer les garanties qui résultent de la loi. L'art. 962 est une preuve de cette nécessité d'un acte en forme : le donataire en cas de révocation de la donation pour survenance d'enfants n'est tenu de restituer les fruits que du jour où l'existence de l'enfant lui aura été *notifiée par exploit ou autre acte en bonne forme.*

Pour que la mise en demeure entraîne l'obligation de payer les dommages et intérêts il faut que l'inexécution de l'obligation puisse être imputée au débiteur. Si l'inexécution provient d'une cause étrangère qui ne peut lui être imputée, il ne sera nullement tenu de dommages-intérêts. Mais, remarquons le bien, il faut pour cela que l'exécution de l'obligation soit absolument impossible pour tout le monde, aussi bien pour les tiers que pour le débiteur. Dans ce cas là la peine, si les parties en avaient stipulé une, ne serait pas non plus encourue. Nous appliquons toujours notre principe : la peine n'est due que lorsque les dommages intérêts dont elle n'est que la représentation auraient pu être exigés du débiteur.

Il ne faudrait cependant pas tirer trop rigoureusement les conséquences de cette idée que la peine est encourue dès qu'il y a demeure du débiteur.

Supposons par exemple qu'il s'agisse d'une obligation de ne pas faire. Il y a demeure du débiteur et des dommages-intérêts sont dus par lui dès qu'il y a eu contravention à l'obligation. C'est ce que nous dit l'art. 1145.

Eh bien ! peut-on dire que dans tous les cas la peine sera encourue par le seul fait de la contravention ou bien ne faudra-t-il pas au contraire que ce fait ait produit son effet ? Pothier s'était posé cette question (n° 348 traité des obligations) et il avait répondu qu'on ne peut la résoudre que par l'intention des parties. Il n'y a pas autre chose à dire encore aujourd'hui.

Bien que la condition sous laquelle la peine a été promise paraisse accomplie il faut voir si, suivant la volonté des contr actants, elle l'est réellement ; toute convention (art. 1156) et toute condition quant à son accomplissement (art. 1275) s'interprètent selon la commune et vraisemblable intention des parties.

Nous n'avons plus affaire ici à une stipulation romaine ; il n'y a plus dans notre droit que des contrats de bonne foi (1134 *in fine.*)

On recherchera donc quel avantage les parties ont voulu assurer par la clause pénale; si malgré la contravention cet avantage est résté au créancier, si la contravention n'a eu aucune conséquence pour lui, on dira que la peine n'est pas encourue : dans le cas contraire elle le sera.

C'est ainsi que nous avons expliqué en droit romain la loi 122, § 6. D. 45, 1. Si dans une convention les parties ont eu en vue de se garantir par une clause pénale contre les ennuis d'une contestation même mal fondée, la peine sera encourue par celui qui aura soulevé la difficulté quand bien même il perdrait son procès, ou selon les circonstances s'en serait désisté (Toullier, vol. VI, n° 835) ; car l'avantage, (la tranquillité, la sécurité), en vue duquel la peine avait été promise n'aura pas été obtenu (Pothier, oblig. n° 348.)

Au contraire dans l'exemple de Pothier, même n° des obligations : « Si j'ai stipulé de vous sous une cer-« taine peine que vous ne loueriez votre maison voisine « de celle que j'occupe à aucun ouvrier se servant du « marteau, le bail que vous en auriez fait à un serrurier, « s'il n'a pas été exécuté, ne donnerapas ouverture à la « peine; car ceque je me suis proposé en stipulant cela « de vous était que vous ne me causeriez pas l'incom-« modité du bruit que font ces ouvriers. Le bail n'ayant « pas été exécuté ne m'a causé aucune incommodité il « ne doit donc pas donner lieu à la peine. »

Il faut donc d'abord un préjudice (sauf ce que nous avons dit sur 1152.)

En second lieu il faut que la demeure soit imputable au débiteur.

Ce n'est point à dire que le débiteur doive être de mauvaise foi. Il peut être de bonne foi et devoir des dommages-intérêts, art. 1147, mais il faut qu'il soit en faute. S'il a eu pour manquer à son engagement une excuse légitime ; s'il a été empêché par une cause étrangère, force majeure, cas fortuit, il n'est pas coupable et ne doit pas être puni pas plus par la peine que par des dommages-intérêts (1148, 1230). Mais c'est au débiteur à prouver l'existence de la cause étrangère : Il doit, dit l'art. 1147, en justifier. Colmar, 10 novembre 1815. Dalloz, au mot obligation n° 1616, Req. 29 juin 1853, Dal. 59, 1, 288.

Toutes ces questions sur la demeure, la responsabilité, le préjudice, sont du ressort des juges ; ils ont dans l'appréciation des faits une liberté entière.

Disons seulement en passant que l'inexécution de la convention n'est pas imputable au débiteur et qu'il n'y a pas lieu à la peine lorsque c'est par le fait du créancier qu'il a été empêché de s'acquitter de son obligation, (l. 122, § 7, D. de verb., oblig.), (Pothier, oblig. n° 349 *in fine.*) (Bordeaux, 14 fév. 1840, Dall., oblig. 1616.)

Puisque la bonne foi du débiteur ne l'excuse pas, son erreur est indifférente pourvu qu'elle ne vicie pas le consentement. Toutefois si cette erreur avait été entretenue par le débiteur ; s'il résultait des faits de la cause que le créancier a autorisé la contravention par ses actes et son attitude ; s'il a permis au débiteur de croire de bonne foi qu'il n'avait pas à craindre la peine, et si la convention était ambiguë, les juges pourront déclarer que le débiteur n'est pas passible de la peine au moins pour le passé. (Douai, 26 avril 1845.)

Il pourra aussi se faire que le débiteur sera déchargé de la peine parce que les juges estimeront que le créancier a renoncé au droit de demander la peine. (Cass. arrêt de Rejet 10 novembre 1856, Dalloz 1857, 1, 61.)

Il ne peut être question de dommages-intérêts et de peine lorsque le contrat qui en serait la cause a été résilié par le concours du consentement des deux parties. (Rejet, Cass. 10 février 1825, Dalloz, v° obligation n° 1618: 2°)

(Req. 10 février 1873, Dal. 73, 1, 213.)

(Req. 10 novembre 1856, Dal. 57, 1, 61.)

Plus évidemment encore la clause pénale n'est pas due lorsqu'elle ne résulte pas d'une convention. Un avis au public, n'autorise pas une compagnie de transport à réclamer une clause pénale stipulée pour l'expédition de certaines marchandises dangereuses, lorsque l'expéditeur n'a pas formellement adhéré à cette clause (jug. du Trib. de Boulogne-sur-Mer, 6 février 1866, Dal. 68, 1, 500 et 501.)

On voit par tous ces exemples qu'il est impossible de donner des règles précises en droit sur ces questions.

La solution varie selon les circonstances.

Le créancier a un droit acquis à exiger la peine dès que la mise en demeure a eu lieu. — Tant qu'il n'est pas en demeure le débiteur a le droit de se soustraire à la nécessité de payer la peine en exécutant l'obligation principale. La clause pénale n'est en effet qu'une convention accessoire.

La situation change-t-elle à partir de la mise en demeure et faut-il dire, comme l'ont fait certains auteurs, qu'à dater de ce moment les conséquences de la demeure sont acquises au créancier et que le débiteur ne peut pas exécuter l'obligation principale, si le créancier aime mieux exiger la peine?

Il est certain que dans notre ancien droit les clauses pénales étaient considérées comme simplement *comminatoires*. (Argou, t. 2, p. 281.)

Le juge avait le pouvoir d'en relever le débiteur. Mais il ne paraît pas que notre Code civil ait conservé cette règle. Dire que la peine est encourue c'est bien dire, ce nous semble, que le créancier a le droit de l'exiger, et de l'exiger alors même que le débiteur voudrait exécuter l'obligation principale.

On a cependant fait une objection : Les juges, ont dit certaines personnes, peuvent accorder un délai ou même des délais modérés au débiteur pour permettre à celui-ci d'exécuter son obligation. « Les juges, dit l'art. 1244, « en considération de la position du débiteur et en « usant de ce pouvoir avec une grande réserve peuvent « accorder des délais modérés pour le paiement et « surseoir à l'exécution des poursuites, *toutes choses* « *demeurant en état.* » Or si le juge peut accorder un délai de grâce au débiteur et si, ce délai de grâce accordé, toutes choses doivent demeurer en état, est-ce que, à l'expiration de ce délai, le débiteur ne doit pas pouvoir à son choix ou exécuter l'obligation principale ou fournir au créancier la peine que celui-ci a stipulée? Est-ce que les choses seraient dans le même état qu'auparavant si le débiteur avait perdu le droit de choisir? Le délai de grâce, ajoute-t-on, doit précisément empêcher que la demeure ne produise ses effets habituels.

Nous reconnaissons, avec les auteurs auxquels nous venons de faire allusion, que la stipulation d'une peine n'empêche pas d'accorder un délai de grâce au débiteur. Peut-être le débiteur ourrait-il. en s'exprimant bien clairement à cet égard, renoncer quand il s'oblige au bénéfice de l'art. 1244 ?

Nous n'avons pas à entrer dans l'examen de cette question. Mais ce qui est bien certain c'est que l'adjonction d'une clause pénale à l'obligation ne manifeste nullement chez lui l'intention de faire une renonciation de cette espèce. Le juge peut donc lui accorder un délai de grâce; seulement la concession de ce délai ne doit pas priver le créancier du droit qu'il a acquis au moment de la mise en demeure et qui consiste à demander l'exécution de la clause pénale, quoique le débiteur soit prêt à exécuter l'obligation principale. Ces auteurs ne nous paraissent pas interpréter convenablement les expressions de l'art. 1244 « *toutes choses demeurant en état.* »

Dès le moment de la mise en demeure le créancier a un droit acquis à demander l'exécution de la clause pénale. La concession du délai de grâce ne laisserait pas les choses en état si le débiteur pouvait à son choix, ce délai expiré, exécuter l'obligation principale ou exécuter la clause pénale.

Nous dirons donc qu'à l'expiration du terme de grâce le créancier pourra à son choix exiger le montant de la peine ou l'exécution de l'obligation principale.

Et qu'on ne dise pas que dès-lors le terme de grâce ne présentera pas d'intérêt pour le débiteur !

Cet intérêt sera moins grand sans doute que dans l'opinion contraire mais il sera encore considérable, car les poursuites du créancier seront retardées jusqu'à ce que le terme de grâce soit expiré(Duranton,tome 11. n° 359. Larombière tome 3 art. 1230 n° 4. Merlin, Répertoire V. Peine contractuelle § II. III.)

Comment la peine est encourue.

Maintenant que nous savons à partir de quel moment la peine est encourue il nous reste à voir comment elle est encourue.

Lorsqu'il n'y a qu'un débiteur, et que c'est lui qui a encouru la peine, il ne saurait y avoir de difficulté. L'obligation de payer la peine est une obligation comme une autre, divisible le plus souvent, car il est bien rare que la peine ne consiste pas en argent. Si donc le débiteur vient à mourir laissant plusieurs héritiers, cette obligation se divisera entre tous ses héritiers, suivant les règles ordinaires.

Chacun d'eux sera tenu d'une part de cette obligation proportionnellement à sa part héréditaire. La peine stipulée s'élevait, je le suppose, à la somme de 20,000 francs; elle est encourue du vivant du débiteur et celui-ci vient à mourir laissant quatre héritiers. Chacun de ces héritiers devra 5,000 francs.

Mais la question de savoir comment la peine est encourue devient plus délicate, si nous supposons qu'il y a plusieurs débiteurs et que l'un ou quelques-uns d'entre eux seulement ont contrevenu à l'obligation principale.

Il peut y avoir plusieurs débiteurs dans deux hypothèses bien distinctes: Et d'abord la dette peut avoir été contractée dès l'origine par plusieurs débiteurs. Elle peut aussi avoir été contractée par un débiteur unique mais ce débiteur peut être mort laissant plusieurs héritiers.

La question est évidemment la même dans les deux cas. Le Code dans les art. 1232 et 1233 ne vise que la seconde hypothèse; mais les solutions qu'il donne doivent évidemment être étendues à la première.

Les Jurisconsultes romains et les auteurs de notre ancien droit se sont préoccupés de cette question. Dumoulin entr'autres y a consacré de longs développements. Pothier l'a également examinée dans son traité des obligations (n° 355 et suivants) et voici comment il la formulait :

« Si la peine est encourue pour le total et par tous les « héritiers du débiteur par la contravention de l'un « d'eux ? » Et il répondait à cette question :

« Il faut à cet égard distinguer entre les obligations indivisibles et les obligations divisibles. »

La distinction faite par Pothier a été reproduite par le Code, et nos articles 1232 et 1233 sont copiés presque textuellement dans Pothier.

L'art. 1232 suppose que l'obligation primitive était indivisible. L'art. 1233 suppose, au contraire, que cette obligation était divisible.

Occupons-nous d'abord du premier cas : L'obligation principale était *indivisible*. Voici comment s'exprime l'art. 1232 : « Lorsque l'obligation primitive « contractée avec une clause pénale est d'une chose indivisible, la peine est encourue par la contravention « d'un seul des héritiers du débiteur et elle peut être « demandée, soit en totalité contre celui qui a fait la con-

« travention, soit contre chacun des cohéritiers pour « leur part et portion, et hypothécairement pour le « tout, sauf leur recours contre celui qui a fait encourir « la peine. »

Les décisions contenues dans cet article sont des plus simples : une obligation indivisible a été contractée, et le débiteur est mort laissant plusieurs héritiers. Le propriétaire d'un fonds voisin du mien, par exemple, s'est engagé à me laisser passer sur le fonds contigu à la maison que j'occupe, tant que j'occuperais cette maison, et il a promis de me payer 100 francs, à titre de peine, en cas d'empêchement.

Il meurt laissant quatre héritiers : l'un d'eux m'empêche de passer sur le fonds. Je pourrai demander la peine toute entière, c'est-à-dire 100 francs à cet héritier, ou une part de la peine proportionnelle à sa part héréditaire à chacun des autres.

La peine est donc encourue pour le tout. Voilà la première chose que nous ayons à constater.

L'obligation étant indivisible, la contravention qui est faite par l'un des héritiers du débiteur à cette obligation, dit très-justement Pothier, est une contravention à toute l'obligation. Lorsqu'un seul des héritiers m'empêche de passer, j'éprouve exactement le même préjudice que si tous m'empêchaient : sur ce point il ne pouvait y avoir de difficultés.

Pothier est d'accord avec les jurisconsultes romains; car voici ce que disait Caton, dans la loi 4, § 1 : « Omnes commisisse videntur quod nisi in solidum pec-

« cari poterit, illam stipulationem per te non fieri quo-
« minus mihi ire agere liceat.»

La loi romaine, on le voit, décidait bien que la peine était encourue pour le tout, et que chacun des héritiers en était tenu proportionnellement à sa part héréditaire, mais elle ne permettait nullement au créancier de demander la totalité de la peine à l'héritier contrevenant.

Aussi Pothier se posait-il la question de savoir si le créancier peut demander la peine entière à celui des héritiers qui a fait la contravention.

Et l'on conçoit, en effet, qu'il y ait des raisons de douter. La clause pénale est une obligation conditionnelle subordonnée à l'inexécution de l'obligation primitive. La condition réalisée, c'est-à-dire l'un des héritiers ayant contrevenu à l'obligation de ne pas faire, la peine est encourue.

Mais n'y a-t-il pas une obligation héréditaire comme une autre? Or, il est de principe que le créancier ne peut demander à chacun des héritiers l'exécution d'une obligation de cette espèce que proportionnellement à sa part héréditaire. Dès lors, le contrevenant lui-même ne doit-il pas seulement une part de la peine ?

Ces objections n'avaient pas convaincu Pothier, qui décide très-nettement que le contrevenant peut être poursuivi pour la totalité de la peine, sans refuser toutefois au créancier le droit de demander aux autres héritiers une part proportionnelle à leur part héréditaire. Et en effet, n'est-il pas équitable que celui qui a commis la contravention soit tenu de la peine toute entière?

Sans son fait la peine n'aurait pas été encourue ; il ne la doit pas comme héritier seulement, mais encore comme contrevenant : « Aliud est teneri heredem ut «heredem, aliud teneri ut ipsum et ex proprio facto. » (Dumoulin, tr. *de div. et indiv.*, p. 3, n° 5 à 112).

D'ailleurs, dans ses rapports avec ses cohéritiers, cet héritier contrevenant doit seul supporter la peine : cela ne peut pas être contesté, car les autres n'ont rien à se reprocher; ils n'ont pas contrevenu à l'obligation, et, s'ils étaient forcés de payer au créancier la peine, ou du moins une partie de la peine (car on ne peut demander à chacun d'eux qu'une part proportionnelle à sa vocation héréditaire), ils auraient un recours contre le contrevenant qui doit toujours, en définitive, supporter la totalité de la peine. Dès lors, pourquoi le créancier, pour éviter ce circuit d'actions, ne le poursuivrait-il pas seul? C'est à ce résultat qu'arrivait Pothier, en décidant qu'il était tenu de la totalité de la peine, *au moins obliquement et indirectement* (Traité des oblig., n° 356).

On pourrait même se demander pourquoi le contrevenant n'est pas seul tenu, et pourquoi le créancier peut demander à chacun des créanciers non contrevenants une part de la peine proportionnelle à sa part héréditaire.

Supposons qu'une obligation indivisible ait été contractée par plusieurs personnes, et qu'elle n'ait pas été accompagnée d'une clause pénale.

Puis l'une d'elles refuse d'exécuter l'obligation tandis que l'autre ne demande pas mieux que de s'exécuter.

On est en général d'accord pour reconnaître, c'était du moins l'avis de Pothier, que celui qui est prêt à s'exécuter ne pourra pas être condamné à des dommages et intérêts. Si une peine a été stipulée, comme cette peine n'est que la représentation des dommages et intérêts, ne devrait-on pas déclarer que la peine n'est encourue qu'à l'égard du contrevenant et ne peut être demandée qu'à lui ? Nous ne le croyons pas, et il nous semble que la décision du Code, aux termes de laquelle le créancier peut demander à chacun des non-contrevenants une part de la peine proportionnelle à sa part héréditaire, peut très bien se justifier. La clause pénale en effet est une obligation contractée pour le cas où une première obligation ne serait pas exécutée. Que l'inexécution provienne d'une cause ou d'une autre, peu importe.

Il n'en est pas moins vrai que la condition qui suspendait la formation de l'obligation pénale est accomplie et que tous les débiteurs doivent pouvoir être poursuivis.

Le créancier pourra poursuivre le contrevenant pour le tout parce qu'il est contrevenant ; quant aux autres héritiers ils sont tenus en qualité d'héritiers parce que la condition s'est réalisée et dès-lors on ne peut leur demander qu'une part de la peine proportionnelle à leur part héréditaire.

Dumoulin faisait observer qu'adopter une solution contraire ce serait bien souvent causer un préjudice considérable au créancier : Le contrevenant est peut-être insolvable, c'est peut-être son insolvabilité même qui l'a poussé à contrevenir à l'obligation : il n'avait rien à perdre : *sua eum paupertas audaciorem facit* comme dit Dumoulin. Peut-on laisser alors le créancier désarmé ? Non, sans doute, et nous ne pouvons qu'approuver la disposition contenue dans notre article.

Dans le cas où l'héritier non contrevenant est poursuivi par le créancier peut-il du moins forcer le créancier à poursuivre d'abord le contrevenant, à constater son insolvabilité, quitte à se retourner ensuite contre celui qu'il avait d'abord poursuivi; peut-il en un mot lui opposer une espèce de bénéfice de discussion ? Tel était l'avis de Dumoulin, suivi en cela par Pothier, et il faut avouer qu'une pareille solution semble assez équitable au premier abord.

Nous croyons cependant qu'il n'est pas possible de l'adopter en présence des termes de la loi.

Que nous dit en effet l'art. 1232 ? La peine peut être demandée contre chacun des héritiers pour leur part et portion ! Y a-t-il une restriction quelconque apportée aux droits du créancier ? Son droit de poursuite contre les contrevenants est-il subordonné à quelque condition préalable ? Nullement ! Aussi n'admettons nous pas le tempérament proposé par Dumoulin et par Pothier.

Après avoir dit que chaque héritier est tenu de la peine pour sa part et portion héréditaire, l'art. 1232 ajoute : *Et hypothécairement pour le tout.*

La loi suppose que la clause pénale a été garantie par une hypothèque. Si l'immeuble hypothéqué se trouve entre les mains d'un des non contrevenants, comme l'hypothèque est indivisible ce détenteur de l'immeuble sera forcé de payer la totalité de la peine veut éviter la saisie de l'immeuble entier.

Nous avons donc ici une personne tenue avec d'autres ou par d'autres au paiement de la dette et qui a intérêt à l'acquitter. La subrogation légale de 1251 3° aura lieu.

Nous avons en outre ici un débiteur tenu personnellement pour sa part et hypothécairement pour le tout. Si l'héritier paie la part dont il est tenu personnellement il pourra délaisser l'immeuble au créancier, car il n'est plus tenu qu'hypothécairement ; peut-être même pourra t-il purger ? Mais ce dernier point souffre difficulté.

Si la peine consistait en une chose indivisible il est évident qu'elle pourrait être également demandée toute entière à chacun des héritiers non contrevenants, sauf leur recours bien entendu.

Il pourrait arriver et Pothier prévoit précisément cette hypothèse (n° 357 traité des oblig.), que la contravention fût le fait non pas d'un seul des héritiers mais de tous les héritiers ou au moins de quelques-uns. Dans ce cas là nous traiterons tous les contrevenants comme nous traiterions un contrevenant unique : la totalité de la peine, pourra être demandée à chacun d'eux. Pothier dit que chacun d'eux est *solidairement* tenu de la peine, car les contraventions de ses cohéritiers ne diminuent pas la sienne (*nec qui peccavit ex eo relevari debet quod peccati consortem habuit* (Dumoulin. Traité de Div. et Ind. p. 3. n° 148.)

Ainsi, d'après Pothier, tous les héritiers contrevenants sont débiteurs solidaires : ils sont tenus solidairement de la totalité de la peine. Une pareille solution ne saurait être admise aujourd'hui. Quand plusieurs personnes sont tenues d'une même dette elles ne sont pas pour cela débiteurs solidaires.

La solidarité suppose que lès débiteurs solidaires se sont donné réciproquement mandat de payer la dette; elle suppose entre eux des rapports juridiques, une espèce de société. Or, les rapports de cette société n'existent pas ici : nous avons plusieurs personnes tenues *in solidum* de la même dette,mais les effets de la solidarité ne se produiront pas et si par exemple la prescription est interrompue à l'égard de l'une d'elles elle ne sera pas interrompue à l'égard des autres (Colmet de Santerre, tom V. 169 bis, IV).

Au lieu de supposer plusieurs débiteurs principaux ayant contracté sans solidarité et sous une clause pénale une dette indivisible, prenons plusieurs débiteurs solidaires : supposons par exemple plusieurs commodataires ayant emprunté le même cheval.

Il a été convenu que faute de restitution du cheval une somme de 1,000 francs serait payée à titre de peine au prêteur.

Les commodataires sont des débiteurs solidaires (art. 1887). Voyons ce qu'il va arriver si par le fait de l'un d'eux l'obligation de restituer le cheval est devenue impossible, si la peine est encourue. — L'art. 1205. dont nous n'avons pas à faire ici la critique, établit une distinction que logiquement nous devrions introduire ici, si nous nous fondions uniquement sur ce que la clause pénale est la représentation des dommages-intérêts intrinsèques (valeur de la chose qui a péri) et extrinsèques (dommages-intérêts proprement dit).

Nous devrions dire d'après l'art. 1205 que le commodataire par la faute duquel le cheval a péri doit être tenu de la totalité de la peine soit 1000 francs et que les commodataires qui ne sont pas en faute ne doivent être tenus que de la portion de la peine qui représente la valeur intrinsèque de la chose ; soit, supposons le, 800 francs.

Voilà la solution qui découlerait de l'art. 1205.

Telle n'est pas cependant celle qu'il faut adopter.

Il serait difficile sinon impossible de rechercher dans la peine ce qui représente la valeur de la chose, et ce qui représente les dommages-intérêts : distinction qui serait indispensable pour appliquer l'art. 1205.

De plus l'art. 1232 que nous avons examiné précédemment s'applique à notre hypothèse encore bien mieux qu'à celle qu'il privait. Il envisage la clause pénale comme une obligation accessoire et conditionnelle. Le fait qu'un des héritiers contrevient à l'obligation principale est l'événement qui vient faire réaliser la condition de l'obligation accessoire et faire encourir la peine *contra omnes*.

Si dans l'art. 1232 on n'avait considéré la clause pénale que comme la représentation des dommages-intérêts, on aurait décidé que les cohéritiers innocents de la faute de l'un ou de plusieurs d'entre eux ne seraient pas du tout tenus pour aucune partie de la clause pénale (art. 1146, art. 1147, 1150 et 1151). On a admis le contraire, nous avons vu pourquoi, et l'on a décidé, ce qui paraît au premier abord exorbitant, que chacun des cohéritiers serait tenu de la peine dans la même proportion qu'il était tenu de l'obligation principale : c'est-à-dire pour sa part et portion car, bien que tenu d'une obligation individisible, il n'était pas débiteur solidaire.

A combien plus forte raison devons nous appliquer la solution de l'article 1232 à notre hypothèse de plusieurs commodataires.

Il est bien plus naturel d'admettre pour eux que pour les codébiteurs de l'art. 1232 qu'ils sont tenus de la clause pénale même lorsqu'ils ne sont pas du tout en faute : il existe entre eux et celui qui par sa faute les a rendus passibles de la peine, une relation juridique qui n'existe pas entre les codébiteurs ordinaires.

Les commodataires devront la peine dans la proportion dont ils sont tenus de l obligation principale, c'est-à-dire *solidairement.*

(M. Valette à son cours. M. Colmet de Santerre, vol. V. 139 bis II. Pothier, traité des oblig. n° 273, 3° *in fine*).

Nous arrivons à l'examen de notre seconde hypothèse : l'obligation dont l'exécution était assurée par une clause pénale était une obligation divisible.

Pothier, que les rédacteurs du Code ont presque constamment suivi dans toute cette matière, avait trouvé cette hypothèse prévue par Dumoulin.

Rappelons exactement les termes dans lesquels la

difficulté se pose : une obligation divisible a été contractée et une peine a été stipulée pour le cas d'inexécution. Le débiteur meurt laissant plusieurs héritiers.

L'un d'eux refuse d'exécuter. Est-ce que la peine est encourue à l'égard de ceux qui sont prêts à exécuter l'obligation ?

Nous trouvons dans le Digeste deux réponses à cette question et elles paraissent contrad ictoires.

D'une part en effet Paul reproduisant l'opinion de Caton, dans la loi 4, § 1. D. 45. 1, dit que la peine n'est pas encourue par ceux qui offrent d'exécuter l'obligation « Eum heredem, dit-il, qui adversus ea facit, pro« portione sua solum pœnam committere. »

Pomponius dans la loi 5, § 4, D. 45, 1, donne une solution contraire.

Dumoulin avait cherché à concilier ces deux textes et la conciliation qu'il a proposée, reproduite par Pothier, consiste à faire une distinction.

C'est cette distinction même que nous trouvons dans l'art. 1233 : « *Lorsque l'obligation primitive contractée sous « une peine est divisible, la peine n'est encourue que par « celui des héritiers du débiteur qui contrevient à cette « obligation, et pour la part seulement dont il était tenu « dans l'obligation principale, sans qu'il y ait d'action « contre ceux qui l'ont exécutée.* Cette règle reçoit ex« ception, lorsque la clause pénale ayant été ajoutée « dans l'intention que le paiement ne put se faire « partiellement, un cohéritier a empêché l'exécution « de l'obligation pour la totalité. En ce cas, la peine « entière peut être exigée contre lui et contre les autres

« cohéritiers pour leur portion seulement sauf leur re-« cours. »

Ainsi voilà la distinction : ou l'obligation est divisible à tous égards, *obligatione et solutione*, alors la peine n'est encourue que par celui qui n'exécute pas. Ou bien l'obligation divisible *obligatione* est indivisible *solutione* et alors, l'un des héritiers n'exécutant pas l'obligation, les choses se passent comme dans la première hypothèse que nous avons examinée tout à l'heure : la peine est encourue pour le tout par le contrevenant et par les autres héritiers pour leur part seulement.

En réalité nous n'avons plus affaire à une obligation divisible mais bien à une obligation indivisible. Il y a, en effet, plusieurs espèces d'indivisibilité : il y a d'abord l'indivisibilité qui tient à la nature de l'objet promis, qui affecte l'obligation même. C'est de celle-là que le Code s'est occupé dans l'art. 1232. Il y a ensuite l'indivisibilité qui affecte le paiement et non l'objet : alors même que l'objet de la dette est divisible, les parties peuvent avoir voulu que cet objet ne pût être payé par parties. L'obligation est alors indivisible *solutione*.

Si une clause pénale a été ajoutée à cette obligation la peine sera encourue comme nous avons dit précédemment quand il s'est agi d'une obligation indivisible par son objet. Il faut même remarquer que la stipulation d'une peine devra facilement faire croire que les parties ont voulu rendre l'obligation indivisible *solutione tantum*.

C'est là d'ailleurs une question de fait dont la solution doit être entièrement laissée à l'appréciation des magistrats.

Ceux des héritiers qui seraient tenus de payer une part de la peine sans avoir contrevenu pourraient recourir contre celui d'entre eux qui a refusé d'exécuter (1233).

Si, l'obligation étant divisible à tous égards, la peine avait été garantie par une hypothèque, il pourrait arriver que le paiement de la peine entière fut demandée à un des héritiers non-contrevenants, entre les mains duquel se trouverait l'immeuble hypothéqué et cela à cause de l'indivisibilité de l'hypothèque.

Le Code n'a prévu que le cas où l'un de plusieurs débiteurs n'exécuterait pas une obligation sanctionnée par une clause pénale et contractée envers un créancier unique.

Mais l'hypothèse inverse peut se présenter : Il y a plusieurs créanciers et un débiteur unique, le débiteur n'exécute pas l'obligation mais à l'égard seulement d'un des créanciers ? Et d'abord si l'obligation est divisible pas de difficulté.

Celui des créanciers à l'égard duquel la contravention aura été commise pourra demander au contrenant une part de la peine.

Mais que décider si l'obligation garantie par la clause pénale est indivisible ?

Primus a stipulé de son voisin qu'il le laisserait passer sur son fonds et qu'il lui paierait 15,000 fr. à titre de peine s'il ne le laissait pas passer. Le stipulant meurt laissant trois héritiers et le promettant refuse d'en laisser passer un : il laisse passer les deux autres.

A l'égard de qui la peine est-elle encourue?

Il y a des auteurs qui ont cru pouvoir raisonner par analogie et qui ont dit : quand il y a plusieurs débiteurs et que la dette est indivisible la contravention de l'un d'eux fait encourir la peine pour les autres : il doit en être de même lorsqu'il y a plusieurs créanciers.

La contravention à l'égard de l'un d'eux doit faire que la peine est encourue à l'égard des autres.

Ulpien dans la loi 3, § 1, D. 45. 1, adopte précisément cette opinion. Il nous semble difficile de suivre la doctrine d'Ulpien.

Et en effet les héritiers qu'on a laissé passer, les créanciers à l'égard desquels la contravention n'a pas eu lieu, sont absolument désintéressés.

Que leur importe que l'un de leurs co-créanciers ne puisse passer? N'ayant pas d'intérêt, il nous semble qu'ils ne peuvent pas avoir d'action.

Paul dans la loi 2, § 6, D. 45. 1, refusait déjà une action efficace à ceux qui n'ont pas souffert de l'inexécution « *sed qui non sunt prohibiti doli mali exceptione submovebuntur*. »

Il nous paraît donc établi que la peine n'est encourue qu'à l'égard de celui des créanciers qui souffre de l'inexécution. Mais ce créancier que pourra-t-il obtenir? Pourra-t-il obtenir la peine entière? On conçoit encore qu'une controverse puisse s'élever sur ce point. Et cependant la solution n'est pas douteuse pour nous.

Le créancier à l'égard duquel la contravention a été commise ne pourra pas demander le paiemeut de la peine entière, car supposons que la contravention ait été commise à l'égard de tous les créanciers, que pourrait-il demander? Une part de la peine seulement. Eh bien! quand la contravention n'a lieu qu'à son égard le préjudice qu'il éprouve est le même. Il ne peut donc demander qu'une part de la peine.

POSITIONS.

DROIT ROMAIN.

I. Dans la *stipulatio pœnæ*, en droit Romain, c'est le caractère d'obligation conditionnelle qui domine. —

II. On peut expliquer par les principes la loi 22, D. *ad legem Aquiliam* (9, 2), et la concilier avec la loi 69, D. *de verb. oblig.* (45, 1).

III. La règle *dies interpellat pro homine* est étrangère au droit Romain. Les décisions relatives à la *stipulatio pœnæ* et à la *lex commissoria* se rattachent non à la théorie du terme mais à celle de la condition.

IV. La loi 8, D. *de verb. oblig.* (45,1) et la loi 10, § 1, D. *Si quis caut.* (2, 11), peuvent se concilier avec la loi 10, D. *de verb oblig.* (45, 1). —

V. On peut concilier la loi 4, § 1, D. *de verb. oblig.* (45, 1) avec la loi 5, § 4, D. *eod tit.*

VI. La transaction ne suit pas, en droit Romain, des règles particulières, et, quand les parties contractantes y ont ajouté une stipulation pénale, l'une ne peut en principe, au cas de contravention de l'autre, demander à la fois la peine et le maintien de la transaction.

VII. La loi 44, § 6, D. *de oblig. et action.* (44, 7), s'applique à une hypothèse exceptionnelle. Cette loi ne doit pas être étendue à tous les cas où la peine a été stipulée à la suite d'un contrat *stricti juris*. —

DROIT FRANÇAIS.

I. Les juges ne peuvent pas garantir l'exécution de leurs décisions en prononçant, contre celui qui se refuserait à les exécuter, des condamnations qui ne seraient qu'un moyen de contrainte.

II. Par cela même qu'une clause pénale a été ajoutée à une transaction, on ne doit pas présumer que les parties ont entendu donner au créancier le droit de cumuler le principal et la peine, contrairement à l'article 1229, 2e alinéa.

III. Celui qui attaque en nullité une transaction garantie par une clause pénale n'est tenu de payer la peine que s'il perd son procès.

IV. La partie qui s'est engagée sous une peine, dans un compromis, à se soumettre à la sentence arbitrale et qui interjette appel de cette sentence doit payer préalablement la peine.

V. Le créancier peut demander des dommages-intérêts, en sus de la peine, si le débiteur est coupable de dol et en général pour toutes les causes non prévues par la clause pénale.

VI. Le créancier a un droit acquis à exiger la peine dès que la mise en demeure a eu lieu.

VII. Ce n'est pas l'art. 1205 mais l'art. 1232 qui s'applique lorsque la clause pénale est encourue par le fait ou la demeure de l'un de plusieurs codébiteurs solidaires.

VIII. Lorsqu'il y a plusieurs créanciers et que l'obligation est indivisible, si le débiteur n'exécute pas l'obligation à l'égard de l'un d'eux, la peine n'est encourue qu'à son égard et pour sa part seulement.

DROIT CRIMINEL.

I. Le fait de donner la mort à une personne sur son ordre constitue un homicide volontaire.

II. L'imputation diffamatoire adressée à la personne d'un mort ne tombe pas comme telle sous le coup de l'art. 13 de la loi du 17 mai 1819.

DROIT INTERNATIONAL PRIVÉ.

I. La femme étrangère a une hypothèque légale sur les biens de son mari étranger situés en France si cette garantie lui est reconnue par sa loi nationale.

II. Un tribunal Français ne peut valider la saisie-arrêt formée en France par un Français sur des fonds appartenant à un gouvernement étranger.

Vu par le Président de la Thèse,
J. LABBÉ.

Vu par le Doyen de la Faculté,
COLMET-DAAGE.

Vu et Permis d'imprimer
Le Vice-Recteur de l'Académie de Paris,
A. MOURIER.

www.ingramcontent.com/pod-product-compliance
Ingram Content Group UK Ltd.
Pitfield, Milton Keynes, MK11 3LW, UK
UKHW020951230726
13923UKWH00007B/249